Oskar Kästner

Der Begriff der Entwicklung bei Nikolaus von Kues

Oskar Kästner

Der Begriff der Entwicklung bei Nikolaus von Kues

ISBN/EAN: 9783744667296

Hergestellt in Europa, USA, Kanada, Australien, Japan

Cover: Foto ©ninafisch / pixelio.de

Weitere Bücher finden Sie auf **www.hansebooks.com**

Der Begriff der Entwicklung

bei

Nikolaus von Kues.

Inauguraldissertation

zur Erlangung der Doktorwürde der hohen philosophischen
Fakultät der Universität Jena

überreicht von

Oskar Kästner

aus Troistedt bei Weimar.

Auf Antrag des Herrn Geh. Hofrats Professor Dr. Eucken von der
Fakultät genehmigt und mit dem Imprimatur versehen.
Jena, den 6. März 1896.

Der Dekan der philosophischen Fakultät:
Winkelmann.

Bern.
Buchdruckerei Steiger & Cie.
1896.

Disposition.

—:—

In seinem Buche „Die Philosophie des Nik. Cusan. . . . .
Erkennen" regt R. Falckenberg zu dem lohnenden Versuche an,
auf Grund chronologischer Betrachtungsweise der Schriften des
Cusaners nachzuweisen, wie sich in seiner Philosophie Dogma
und freies Denken, Altes und Neues, fortwährend begegnen und
einschränken. Zu einem solchen interessanten, aber aus mehrfachen
Gründen schwierigen Gesamtversuche, möchte die vorliegende
Arbeit einen bescheidenen Beitrag liefern, indem sie das Problem
der *explicatio in der Philosophie des Nikolaus von Kues* nach
dem ausgesprochenen Gesichtspunkte zu untersuchen sich vor-
nimmt.

Doch bevor wir uns dieser Aufgabe zuwenden, erscheint
es geboten, die Weltstellung der Philosophie des Cusaners vorerst im allgemeinen darzuthun. Zu deren Verständnis aber ist
eine kurze Würdigung des Zustandes, in dem sich die mittel-
alterliche Wissenschaft am Anfang des 15. Jahrhunderts befand,
unabweisbar.

Untrennbare Einheit von kirchlicher Theologie und Philosophie, und der letzteren durchaus nur dienendes Verhältnis zu
ersterer, diese beiden Momente zusammen machen den Charakter
derjenigen Geistesrichtung des Mittelalters aus, die man Scholastik
nennt. Aristoteles vornehmlich ist ihr Held. Denn der Formen-
reichtum seines Systems bot willkommene Bausteine zum formalen Aufbau der an sich unfehlbaren Theologie. Und nun erst,

da das Reich der Natur zu einem blossen Werkzeuge, zu einer Vorschule der Gnade degradiert war, erschien das Reich der Gnade gegen alle Uebergriffe des natürlichen Wissens gesichert. Das Natürliche wurde somit gewissermassen einer grösseren Totalität eingefügt. Diesen Grundgedanken bildete in grossartigster Weise der gewaltige Denker Thomas von Aquino aus. Ein hiergegen reagierender Skepticismus aber liess nicht lange auf sich warten. Schon Duns Scotus befürwortete die Trennung von Theologie und Philosophie, also gerade derjenigen Prinzipien, deren Versöhnung die Scholastik anstrebte. Damit war der die Selbstauflösung der Scholastik bezeichnende Pfad betreten. Der vollständige Bruch zwischen Theologie und Philosophie tritt aber erst bei dem Erneuerer des Nominalismus, Wilhelm von Occam, zu tage. Seine streng nominalistische Erkenntnistheorie zeigt mit Kantischer Schärfe die Unzulänglichkeit der scholastischen Glaubensbeweise, freilich nur, um dem Supranaturalismus eine vollkommen freie Herrschaft zu vindizieren. In einen harten Konflikt mit der Scholastik konnte auch leicht die zuerst mit ihr eng verbundene Mystik geraten. Ein neuplatonisches Pfropfreis auf dem Stamme des Christentums und somit Vertreterin pantheistischer Lehre und einer über den Dogmen erhabenen intellektuellen Anschauung des Absoluten, begann sie gegen die das religiöse Fühlen erstickende formaltheologische Begriffswissenschaft sich zu erheben und feierte ihre herrlichste Blütezeit unter Meister Eckhardt.

So ungefähr sieht das Bild aus, das die Wissenschaft zu Anfang des 15. Jahrhunderts beim Auftreten des Cusaners bietet. Und wie jeder andere grosse Mann ist auch er ein Kind seiner Zeit. Mit gründlicher Kenntnis der scholastischen Lehrsysteme vereinigt er den scharfen Blick Occams für ihre Mängel, und die Lehren der Mystiker finden in seinen Schriften die tiefste Resonanz. Zugleich Repräsentant des damals neu erwachten Studiums der antiken Klassiker blieb Nikolaus auch von dieser Seite her nicht unberührt. Denn dasselbe Streben nach einer klaren und wohlthuenden Form, das die von Hellas befruchtete Kunst und Litteratur der Renaissancezeit beseelt, offenbart sich bei Nikolaus in einer Wissenschaftlichkeit der Darstellung, durch die er sich vorteilhaft vor den übrigen, eigentlichen Repräsentanten des Mystizismus mit ihrer ahnungsreichen, aber unklaren dunklen Spekulation auszeichnet. Zugleich ist seine Philosophie auch inhaltlich reich an Verwertung antiker Lehren. Wir kennen bisher die geistigen Kräfte, unter deren Beeinflussung das Lehrgebäude des Cusaners erwuchs. Nunmehr ist dieses selbst mit ein paar Worten zu skizzieren. Zwei Grundgedanken beherrschen dasselbe: 1) Verhältnis von Gott und Welt; 2) Wesen und Aufgabe der Erkenntnis. In der Schöpfung giebt sich das Unendliche in das Endliche hin; im Erkenntnisprozesse kehrt es durchleuchtet wieder zu sich selbst zurück. Schöpfung und Erkenntnis sind daher die zwei sich ergänzenden Pole. Das in unserer Seele niedergelegte, unersättliche Dürsten nach Wissen ist somit ihr eigentliches, charakteristisches Wesen, ihre Bestimmung, gleichwie das Auge von Natur zur Aufnahme des Lichtes organisiert ist. Schon das Wissen des Sinnlichen gewährt Genuss. Doch in demselben Masse, wie dieses zunimmt, lehrt es uns begreifen, dass diese durch die Formen des Raumes und der Zeit begrenzte Wirklichkeit nicht durch und für sich selbst da ist, sondern für ihr Dasein und ihren Zusammenhang eine höhere Realität voraussetzt, deren Erforschung das höchste Ziel des menschlichen Geistes sein muss; denn in ihr entspringen die tiefsten Wurzeln seines Wesens.

Diese Grundgedanken an und für sich vermögen uns nun allerdings noch keineswegs ein anschauliches Bild von der eigenartigen Grösse des Philosophen zu geben. Denn in ähnlicher Weise hatten ja bereits verschiedene seiner Vorgänger spekuliert, sogar mit teilweiser Zeitigung derselben Resultate. Vielmehr ist es das ungeheuer energische und zähe Streben nach Erfassung des Absoluten, das unermüdliche Ringen und Tasten nach präziser Formulierung des einen Grundgedankens, was unser Interesse beständig fesselt. Auch von Nikolaus gilt der Satz, dass die Arbeit oft wertvoller ist als der Ertrag. Dieser rastlose Drang ist nun aber selbst nur die Folge eines heissen Prinzipienkampfes in dem Kopfe eines Mannes, der, zwei Kulturwelten angehörend und aus der einen in die andere herüberragend, Kardinal und Philosoph zugleich sein will. Von ehrfurchtsvoller Scheu vor der religiösen Tradition erfüllt, ist er vermöge seines unverwüstlichen Glaubens an die Kraft des menschlichen Geistes zugleich ein gutes Stück Rationalist, der die kalten, trüben Nebel des Autoritätsglaubens verscheucht.

und im Gegensatz zu dem resignierten Skepticismus eines Wilhelm von Occam sogar im Zweifel den Anfang der Weisheit sieht. So steht er auf der abschliessenden Höhe des Mittelalters und ist zugleich der „Bahnbrecher neuer Ideen" (Eucken), der die Aussicht über unermessliche Gebiete eröffnet, innerhalb deren die Philosophie der Neuzeit ihre besten Schätze erobern sollte.

Es wäre interessant, all' die Keime des neuzeitlichen Denkens aus dem Gedankengewebe des Cusaners klar herauszustellen. Indes soll sich die folgende Untersuchung, wie oben angezeigt, auf den Entwicklungsbegriff des Nikolaus beschränken.

Die Arbeit zerfällt in *zwei Teile:* Der *erste, kritisch-historische Teil* bespricht in drei Abschnitten unter Berücksichtigung der Chronologie[1]) der einzelnen Schriften[2]) die Verwendung des Entwicklungsbegriffes auf den Hauptgebieten seines Umfangs. Der *zweite, kritisch-systematische Teil* fällt das abschliessende Gesamturteil über Bedeutung und Fruchtbarkeit desselben.

Der Entwicklungsbegriff des Nikolaus von Kues, der Begriff der Explicatio, wird durch den der Complicatio ergänzt. Zum Verständnis des ersteren ist eine kurze Erörterung zunächst dieses Begriffes geboten.

---

[1]) Zur Reihenfolge der Schriften vgl. Scharpff, Falckenberg, Uebinger.

[2]) Der Abhandlung liegt die Pariser Ausgabe der Schriften des Nikolaus zu Grunde.

I. Historisch-kritischer Teil.

1. *Verhältnis von Gott und Welt.*

Das Verhältnis von Gott und Welt erscheint Nikolaus unter dem der complicatio und explicatio; denn so lautet die·Ueberschrift der *doct. ign.* II, 3: Quomodo· maximum omnia complicet et explicet inintelligibiliter (so und nicht intellectibiliter ist unbedingt zu lesen, cf. II, 2), d. h. wie das Grösste alles in sich zusammenfaltet und aus sich heraus entfaltet... Wie diese Zusammenfaltung von allem in dem Grössten (= Gott) zu denken sei, wird sogleich durch zahlreiche Beispiele verdeutlicht, besonders durch solche aus der Mathematik, cf. doct. ign. I,.11—15. Hiervon nur einige Proben: Die unendliche Linie enthält in sich (complicat) das grösste Dreieck, den grössten Kreis und die grösste Kugel. Dies nachzuweisen, fragt Nikolaus, was in der Potenz der endlichen Linie liege. Antwort: Die endliche Linie *a b,* um den festen Punkt *a* herumgeführt, ergiebt das Dreieck *a b c,* weiterhin den Halbkreis und endlich den Kreis. Und durch Herumführung des Halbkreises um den festen Halbmesser *b d* entsteht die Kugel. In ihr gelangt die Potenz der endlichen, geraden Linie zur letzten und vollkommensten Entfaltung. Da nun aber die unendliche Linie alles das aktuell ist, was die endliche potenziell (cf. Kap. 14, 15, 16), so folgt, dass sie wirkliches Dreieck, wirklicher Kreis und wirkliche Kugel in der Einheit zugleich ist. Analog müssen wir nun sagen: wie die unendliche Linie alles das aktuell ist, was die endliche potenziell, so ist die absolute, unendliche Einheit alles Mögliche in Wirklichkeit, mit andern Worten, jedes Ding ist in Wirklichkeit Gott selbst, aber natürlich nur insofern, als er in dem einen zugleich das andere Ding ist. In diesem Sinne ist das Absolute die complicatio alles Seins, die Form aller Formen (natürlich nicht die individuelle, selbsteigene, konkrete, sondern die absolute Form, d. h. das alle besonderen Formen in sich einfaltende und in sofern sie spendende, absolute Prinzip), die entitas aller Entitäten, die Quiddität aller Quidditäten, mit einem Worte: der actus omnium, cf. doct. ign. II, 5.

Nikolaus verweilt mit sichtbarem Interesse in den meisten
seiner Schriften bei der Aufstellung solcher Analogien, um das
Wesen der göttlichen Complicatio zu verdeutlichen. Uns freilich
scheint dieses Verfahren nicht das zu leisten, was er sich von ihm
verspricht. Denn dass das mathematisch Unendliche und das
metaphysisch Unendliche zwei ganz verschiedene Dinge sind,
da das erstere stets nur ein gedachtes und daher nicht mehr
vermehrbar ist und somit in Wirklichkeit gar nicht vorkommen
kann, dagegen das letztere wegen seiner in actu bestehenden
Vollkommenheitsfülle weder vergrössert noch vermindert werden
kann, darauf hat Stöckl p. 44 mit Recht hingewiesen. Zwei toto
genere verschiedene Dinge dürfen eben nicht in Analogie mit
einander gebracht werden. Und selbst wenn dies zulässig wäre,
so dürfte wohl trotzdem der Satz von der complicatio alles Seins
immer noch eine sehr schwer zu vollziehende Vorstellung sein.
Denn wer begreift es, dass alles noch so verschiedenartige Sein
eine absolute, über alle Gegensätze erhabene Einheit bilden
könne?

Was nun in Gott zur absoluten Einheit kompliziert ist, das
ist in der konkreten Welt zur Vielheit der Dinge expliziert,[1]
oder mit andern Worten: die Dinge, die alle zusammen in Gott
unterschiedslos eine Einheit bildeten, haben sich je nach ihren
individuellen Besonderheiten und Wesenheiten zur Vielheit auseinander gelegt und von einander abgesondert, und stehen nun

---

[1] Ueber die Geschichte der Begriffe complicatio und explicatio
cf. R. Eucken „Die Grundbegriffe der Geg." 2. Aufl. 1893. Er weist hier
bereits bei den lateinischen Klassikern die Verwendung der Termini auf,
zeigt aber, dass sie dort nicht bei dem Weltproblem, sondern nur in logischer Beziehung wissenschaftliche Verwendung finden, cf. Cicero. (Uebrigens hat auch Nikolaus die beiden Begriffe bisweilen in logischer Verwendung, cf, fil. 77 a, de non aliud Cap. 5 „in explicatam igitur eius de-
finitionem intueamur . . ." u. a.) Auch im Mittelalter wendet man sie
auf die grossen Weltfragen nur selten an. Bei Thomas von Aquino findet
sich weder explicatio noch complicatio. Dagegen hat sie die von Pseudo-
Dionysius ausgehende mystische Spekulation, (cf. Scotus Erigena) in fortwährend Gebrauch, und zwar für das Verhältnis von- Gott und Welt.
An diese Richtung aber knüpft auch, wie wir bereits pag. 3 sahen, der
Cusaner an. Gleichwertig mit explicatio gebraucht er zuweilen den Begriff
evolutio, cf. id III, 9: „evolutionem id est explicationem."

als selbständige, für sich seiende Realitäten einander gegenüber
(Doct. II, 3).

Aber wie ist der Vorgang der explicatio zu verstehen?
Nikolaus unterlässt nicht, wie den Begriff der complicatio, so
auch den der explicatio durch eine ganze Reihe konkreter Beispiele zu verdeutlichen (doct. II, 3). Wie z. B. die Einheit die
Zahl aus sich expliziert und in der Zahl nichts als die Einheit
sich findet, so entfaltet Gott aus sich die Dinge, und in jedem
findet sich immer nur die Einheit wieder. Dasselbe lehrt uns
das Verhältnis von Punkt und Linie, Ruhe und Bewegung,
Jetzt und Zeit. Ist der Punkt die complicatio der Linie, so ist
die Linie die explicatio des Punktes. Daher findet sich in der
Linie immer nur der Punkt wieder, denn sie ist nur der aus-
einandergezogene Punkt; aber auch die Fläche und endlich der
Körper sind nur Explikationen des Punktes. Punkt, Linie,
Fläche, Körper bilden eine auseinander hervorgehende Stufenfolge von Explikationen. Nicht anders ist es mit dem Verhältnis
von Ruhe und Bewegung. Die Bewegung ist nur die aneinander
gereihte, breitgezogene Ruhe (motus est quies seriatim ordinata).
Desgleichen ist die Zeit nichts anderes, als die explicatio des
Jetzt, d. h. eine sich immer weiter fortbewegende Gegenwart.
Jeder Zeitabschnitt ist ein Jetzt. Das Jetzt ist die zusammengezogene Zeit, die Zeit das auseindergezogene Jetzt = explicatio des Jetzt.

In gleicher Weise nun ist auch die explicatio alles Seins
aust Gott zu denken: Est omnia explicans in hoc, quia ipse in
omnibus (doct. II, 3). Wie jeder Zeitabschnitt nichts anderes
ist, als das Jetzt selbst, oder die Linie u. s. w. nichts anderes
als immer nur der eine Punkt, so ist jedes Ding nichts anderes
als Gott selbst. Alles in Allem, Jegliches in Jeglichem.

Die Art und Weise des Entfaltens freilich, sagt Nikolaus,
geht, ebenso wie die des Zusammenfaltens, über unser diskursives
Denken hinaus. Man könnte wohl die Zahl zu Hülfe rufen und
sagen: Wie aus unserm Geiste dadurch, dass wir vieles einzelne
als einem Gemeinsamen zugehörig erkennen, die Zahl entsteht,
so expliziert Gott die Vielheit der Dinge dadurch aus sich, dass
er, weil die Dinge an dem absoluten Sein nicht alle gleichmässig
partizipieren können, das eine so, das andere anders gedacht;

doch auch so, wenn wir in Gott Sein und Erkennen identifizieren, ist noch nichts erklärt. Auch die Zahl kann uns den Vorgang nur veranschaulichen, aber nicht begreiflich machen, da der Vergleich mit ihr den Anschein erweckt, als sei Gott in den Dingen vervielfältigt, was sich mit der Grundvoraussetzung von der absoluten Einheit nicht verträgt. „Videtur quasi deus . . . multiplicari." Doch Gott ist das „idem immultiplicabile" gen. 70 b, wie es später heisst. .

Wer vermag also die Explikation des näheren zu begreifen? Die Dinge ohne ihn betrachtet sind nichts, und betrachtet man ihn, sofern er in den Dingen ist, so entsteht der falsche Anschein, als ob die Dinge antecedenter ein Sein besässen, dem sich das Göttliche nur mitteile; das Sein der Dinge ist ja aber erst das von Gott empfangene, es stammt ja erst von ihm, doch so, dass er sich in ihnen nicht erschöpft. Doct. III, 1. Betrachtet man aber die Dinge, sofern sie in Gott sind, so erhält man als ursprüngliches Sein nur die absolute Einheit, und unausbleiblich drängt sich der Schluss auf: Gott expliziert sein Sein in das Nichts hinein, wodurch die Welt entsteht. Doct. I, 3. Doch, wie ist solches denkbar, da das Nichts kein Sein ist?

Und führt man schliesslich die Explikation des endlichen Seins auf den absoluten Willensurgrund zurück, gleich wie ein Haus auf Befehl des Baumeisters entsteht, so hat man eben damit nur die Unkenntnis des Wie und nur die Thatsächlichkeit des Dass eingestanden. Mit Recht weist Nikolaus die Zurückführung der Explicatio auf die lockenden Auswege des Nichts und des absoluten Willens ausdrücklich zurück; durch beides hätte er ja das philosophisch begriffliche Denken der dogmatisch unfruchtbaren Ausflucht geopfert, er hätte den Knoten zerhauen, statt gelöst.

Es ist interessant zuzusehen, wie hier ein gewaltiger Denker in ungeheurer Kraftanstrengung und in immer neuen Anläufen mit der Lösung einer der höchsten Fragen ringt. Daher kommt es auch, dass er bisweilen solche Ausdrücke benutzt, die er gewiss selbst nicht wörtlich gemeint wissen wollte (cf. doct. I, 2: „opportet . . . adaptari non possunt" etc.), z. B. wenn er die Explikation durch den Begriff der „Teilnahme" zu erklären sucht. Dass ein dem absoluten wie dem endlichen Sein relativ gemeinsamer Inhalt anzunehmen sei, dieser Satz ist offenbar richtig, doch für den *Vorgang* der Explikation ist dieser Ausdruck unpräzis, da, wie Falckenberg ganz richtig gesehen hat pag. 29, die Teilnahme neben einem Spender auch einen bereits vorhandenen Empfänger voraussetzt, der aber im vorliegenden Falle nicht vorhanden ist, sondern durch die Teilnahme erst entsteht. Daher darf die Entfaltung des Seins aus Gott nicht als Teilnahme bezeichnet werden.

Auch folgender Erklärungsversuch kommt vor (doct. II, 2): Non aliud videtur esse creare, quam deum omnia esse.

Sein und Schaffen ist demnach identisch, doch sogleich entsteht die Antinomie, dass; während Gott ewig ist, die Dinge zeitlich sind, doct. II, 2; wer begreift also, dass Sein und Schaffen coincidieren? Unser Verstand, sagt Nikolaus, fasst eben das Wesen der Explikation nicht, obwohl er weiss, dass Gott die Welt aus sich expliziert habe, II, 2.

Und wenn Nikolaus endlich zu der simplex emanatio seine Zuflucht nimmt, um das Rätsel der explicatio zu erklären (doct. II, 4: per simplicem emanationem . . . prodiit in esse), so ist er sich der bloss bildlichen Ausdrucksweise bewusst (Falckenberg, Uebinger). Denn dass Nikolaus dabei an eine Emanation im Sinne Plotins keineswegs gedacht, ja eine Wesensausstrahlung des Absoluten sogar ausdrücklich ablehnt, beweisen die sogleich folgenden Worte: ex intentione dei omnia in esse prodierunt, doct. II, 4. Das stimmt auch ganz zu der anderweitigen Polemik des Cusaners gegen die Annahme einer mittelbaren oder unmittelbaren Emanation, doct. II, 4. Emanatio hatte im Mittelalter überhaupt nicht den engen Sinn, den wir wohl damit verbinden. Darum ist es nicht wundersam, wenn selbst Thomas von Aquino diesen Ausdruck in seinen Schriften für das Weltproblem verwendet (Uebinger).

Wir kommen, das ist das Resultat, über die Unbegreiflichkeit nicht hinaus. Eines aber steht fest: explicatio bedeutet die Herkunft alles Seins aus Gott. Die Dinge sind in Gott, Gott ist in den Dingen das, was sie absolut, nicht das, was sie konkret sind, auf unbegreifbare Weise. Die konkrete, endliche Form des Seins kann schliesslich nur aus einer gewissen „Zufälligkeit" stammen. Aber auch soviel ist sicher, dass Gott, obwohl er das

absolute Wesen der Dinge ist, dennoch nicht in dieselben ein-
geht, II, 2. Denn zwischen dem Endlichen und dem Unendlichen
besteht keine Proportion, II, 2: „finiti et infiniti nulla fit pro-
portio." In dem Sinne, wie die unendliche Linie der endlichen
die konkrete individuelle Form nicht realiter mitteilt, sondern nur
Prinzip derselben ist, so ist auch Gott nur das absolute Bildungs-
prinzip der Dinge und insofern ist er in ihnen. Gott ist in den
Dingen, wie die Wahrheit im Bilde, das, was sie sind.

Unbegreifbare Herkunft des Endlichen aus dem Unendlichen,
alles in sich komplizierenden Seins, dies als das Wesen der in
der frühesten Hauptschrift niedergelegten Explikationsidee erkannt
zu haben, das ist das bisher gewonnene Resultat. „Necesse igitur
est fateri te penitus et complicationem et explicationem, quo-
modo fiat, ignorare," doct. II und passim. Je bewanderter in
dieser Ignoranz, desto gelehrter (cf. Die Geschichte dieses Begriffes von Uebinger, Archiv für Gesch. der Ph., Bd. 8, Heft
1 und 2).

Indes vermögen wir dabei nicht stehen zu bleiben; vielmehr
wollen wir versuchen, das zu begreifen, was Nikolaus unbegreif-
lich schien, und somit das ganz bestimmt auszusprechen, was
wohl auch er im tiefsten Grunde gedacht hat, ohne aber den
Mut zu besitzen, den Gedanken der Explikation bis zu Ende
durchzudenken.

Die für die Lösung des Explikationsproblems entscheidende
Frage, auf die hier alles ankommt, ist diese: Ist die bisher be-
schriebene explicatio dualistisch oder pantheistisch zu denken?
Ist die Welt der explicatio von der göttlichen complicatio qualitativ oder nur quantitativ, essentiell oder graduell, absolut oder
nur relativ verschieden? Antwort: Nikolaus lehrt beides; er *will*
zwar Dualist im Sinne der Kirchenlehre sein, doch ist die „Docta
ign." von Wendungen voll, die nicht nur, wie Uebinger sich
vorsichtig ausdrückt (p. 43), „Anlass zu manigfachen Missver-
ständnissen," d. h. zu pantheistischer Deutung geben (ebenso
Ritter Gesch. d. Ph. IX, p. 165), sondern überhaupt nicht anders
als auf pantheistischem Boden verständlich sind. Nikolaus selbst
protestiert dagegen.

Die 1450 entsandene „*Apol. doct. ign.*" legt hiervon Zeugnis
ab. Indem sie die von Joh. Vench erhobenen pantheistischen

Vorwürfe zurückweist, oder vielmehr zurückzuweisen sucht, wird sie zur willkommenen Verteidigungsschrift des frühesten Standpunktes seitens des Autors selbst. Venchs Einwurf ist im grossen und ganzen ein dreifacher:

1. Er sieht durch die doct. ign. die Grenzscheide zwischen Gott und Welt zerstört, fol. 35 b: „ego sum .... creatura.“ Nikolaus leugnet dies, indem er sagt: Gott ist weder dieses noch jenes, weder Himmel noch Erde, also kein besonderes Sein, sondern in ganz eigentümlicher Weise (proprie) die absolute Form jeder Form; in der absoluten und einfachsten Form aber kann kein Sein etwas anderes sein als er selbst, und weil er allen Dingen das Sein giebt, kann kein solches in ihm fehlen. Gleich wie man die mathematischen Figuren, losgelöst von ihren empirisch konkreten Eigenschaften und hinausgehoben über sie, sicherlich in einer einfachsten Einheit schaut, so muss man auch in analoger Weise die Dinge in Gott sehen (um zu erkennen, dass Gott alles in allem ist), ohne doch die Grenzscheide zwischen Gott und Welt zu vernichten.

Offenbar meint Nikolaus damit den Unterschied der idealen und empirischen Welt; jene ist in Gott und mit ihm identisch, diese von ihm verschieden. Ist nun aber damit Venchs Einwand wirklich ad absurdum geführt? Schwerlich. Denn wenn das absolute, allgemeine, wahrhaft wirkliche Sein Gott selber ist, und nur das empirisch individuelle, d. h. nur die endliche Form nicht Gott ist, so ist die Welt damit doch im Grunde genommen nur zu einer Kehrseite Gottes, zu einem in endlicher Maske eingehüllten Gotte gemacht. Die Welt ist dann das in konkrete Vielheit auseinandergelegte absolute Sein selbst. Etwas anderes aber behauptet auch der Pantheist nicht.

2. Ferner sieht Vench durch das Lehrstück von der Coincidenz der Gegensätze den Unterschied von Schöpfer und Geschöpf, von Subjekt und Objekt aufgehoben, cf. fol. 37 b: „non videt . . . impugnat.“ Auch dies leugnet Nikolaus; „wer die Wahrheit lieb hat,“ erwidert er, „kann solches in der doct. ign. nicht antreffen.“ Nie könne das Abbild mit dem Vorbilde, nie die Wirkung mit der Ursache identisch sein. Auch hier gelte nur, dass Gott zwar alles in allem, aber kein bestimmtes Sein sei. Doch was ist Pantheismus, wenn das keiner ist? Die Ueber-

legenheit ist also wiederum auf Vench's Seite. Nikolaus freilich würde uns ob dieser Entscheidung gleich Vench von Leidenschaft und böser Absicht erfüllte „Fälscher" und „Zerstörer" seiner Schriften nennen (37 b), Ausdrücke, die übrigens zu den Worten „gaudeo aut quæstionibus stimulari ant objectionibus impelli" nicht passen. Und abgesehen davon, dass Nikolaus durch Hinwegdeutung der Coincidenz der Gegensätze selbst zum Fälscher wird, können wir auch bei aller Berücksichtigung der doct. I, 2, ausgesprochenen Bitte „opportet . . . adaptari non possunt" mit Stöckl, Eucken, Falckenberg u. a. den Pantheismus nicht hinwegdeuten.

Uebrigens hätte Venck noch eine ganze Reihe anderer Sätze anführen können, die offenbar nur pantheistisch verstanden einen Sinn geben. Freilich auch der Dualismus behauptet andererseits energisch sein Recht; auch das ist nicht zu verkennen. Der stärkste hieher gehörige Satz ist der von Falckenberg mit Recht als Extrem bezeichnete: zwischen dem Endlichen und Unendlichen giebt es keine Proportion.

3. Auch der dritte Haupteinwurf „Tolli subsistentias rerum in proprio genere" ist auf Grund von ähnlich lautenden Sätzen wie der: „in maximitate absoluta omnia id sunt, quod sunt, quia est entitas absoluta, sine qua nihil est" apol. fol. 39a, vollkommen gerechtfertigt. Das Geschöpf ist ohne Gott nichts u. s: w. Wer möchte auf Grund solcher Stellen die Subsistenz der Dinge retten? Freilich auch hier wieder finden sich offen dualistische Stellen, die die Subsistenz der Dinge behaupten, cf. doct. II. 3: „Esse rei non est aliud, ut est diversa res". Dass demnach der Cusaner das Fürsichsein der Dinge keineswegs zerstören und zu blossem Schein herabsetzen wollte, wie Uebinger sagt, ist allerdings richtig, aber eben nur relativ. Wir sehen also zwei Strömungen, eine pantheistische und eine dualistische, bald in extremster Fassung, bald in gegenseitigem Uebergang in der Philosophie des Nikolaus sich einander bekämpfen. Das Verhältnis von beiden scheint uns aber keineswegs ein blosses, gleich starkes Nebeneinander zu sein. Auch ist nicht anzunehmen, dass ein so grosser Denker sich des Contrastes vollkommen bewusst gewesen sei; denn nicht selten besteht ja eben die Grösse im Gegensatz. Nikolaus *will* Dualist sein im Sinne seiner Kirchenlehre, und doch — seltsam genug — drängt sich

die pantheistische Weltanschauung der deutschen Mystiker überall heissblütig hervor und hebt sie bisweilen ganz auf. Offenbar hat der feine Kenner der cusanischen Philosophie R. Falckenberg das entscheidende Wort auch hier gesprochen: „Der pantheistische Grundgedanke tritt im cusanischen System minder bewusst, aber stärker, der dualistische minder stark, aber bewusster auf." Und gewiss liegt ja gerade in diesem Gegensatz das Kennzeichen einer Zeit, da zwei Kulturwelten im Kampfe um das Dasein ringen: das Alte, durch Gewohnheit und religiöse Tradition Geheiligte, behauptet zäh sein gutes Recht, das Neue erhebt sich mit jugendlicher Kraft; der seit Jahrhunderten glimmende patheistische Funke[1]) leuchtet heller und heller auf, gleich wie die aufleuchtende Morgensonne langsam und ganz allmählich die Nebel zerreisst.

Es ist somit nach unserer Ansicht das Bemühen Uebingers, Klemens u. a., die beiden Seiten des cusanischen Systems miteinander in Einklang bringen zu wollen und zu einer einheitlichen Auffassung zusammen zu deuten, nicht nur zwecklos, sondern ganz verfehlt; wer mit Uebinger behauptet: „nur im äussersten Falle darf es gestattet sein, durchgehende Widersprüche zu konstatieren, wie Falckenberg thut" (pag. 57 seiner „Gotteslehre . . ."), der hat nach unserm Dafürhalten kein rechtes Verständnis der eigentümlichen Bedeutung dieses Mannes, die eben gerade, wie die des ausgehenden Mittelalters überhaupt, in dem angedeuteten Principienkampfe liegt.

Dieses Resultat ist aber für die Frage entscheidend, wie die Explication des Nikolaus zu denken sei?: der Theolog will sie dualistisch, qualitativ, der Philosoph dagegen pantheistisch, quantitativ verstanden wissen. Im ersten Falle ist die „Entwickelung" ein rein schöpferischer Akt, ein blosses Hervorrufen der Dinge zum Sein durch den Urwillen, im zweiten dagegen ein blosses Herabsteigen der in Gott liegenden idealen Welt zur Konkretheit des Seins. Das Produkt der explicatio ist somit

---

[1]) In Rücksicht darauf, dass der katholischen Lehre des Mittelalters ein namentlich vom Neuplatonismus herübergenommenes Stück Pantheismus nicht fremd ist, darf allerdings der Pantheismus des Nikolaus weder als etwas specifisch Neues, noch als ein monstrum horrendum im System des Kardinals gelten. Die pantheistische Mystik eines Eckhardt und Gerson u. a. überbietet sogar die des Nikolaus.

in beiden Fällen eine abgeschwächte Wirklichkeit. Denn durchgehends ist Gott, das absolute Princip alles Seins, als das Höchste und Vollkommenste, als das Ursprüngliche, kurz als der wirklichere Zustand gedacht im Gegensatz zu allem verendlichten, mit dem Princip des Widerspruchs behafteten Sein. *Zwischen* die gewaltige Geistesarbeit der *doct. ign. und die Apol.* derselben fallen mehrere *kleinere Abhandlungen: de quaer d., de dat., de fil., de gen.* Ihr Zweck ist kein anderer als die Einführung in die uns bekannten Grundgedanken, verbunden mit teilweise näherer, ganz im Geiste der doct. ign. gehaltenen Ausführung und Fortbildung derselben. Wir können sie indess für die Intention dieses Kapitels ohne Nachteil übergehen und kommen erst in der Besprechung der Erkenntnislehre auf sie zurück. Ebenso übergehen wir die *beiden Dialoge „de sap."* 1450; denn da Nikolaus, in diesem Jahre zum Kardinal in Rom ernannt, seiner Philosophie in der neuen Umgebung nur Eingang verschaffen wollte (Scharpff), so bieten sie nichts principiell Neues, sondern nur eine Rekonstruktion des früher Gelehrten.

Nur das Gespräch *„de gen."* aus dem Jahre 1447 ist unbedingt wichtig. Gott ist nach ihm „das Selbige" (idem ipsum, bisweilen idem ipse), der Hervorgang der Welt aus ihm ein „Assimilieren". Nikolaus will damit keine neue Theorie aufstellen, sondern den vielfachen bereits bekannten Erklärungsversuchen des Explikationsproblems offenbar einen nur noch deutlicheren zur Seite stellen: das explicare wird durch das assimilare erläutert fol. 69b. Wie kann nun aber das absolute „Dasselbe", das als solches mit allem gegensatzlos geeint ist, Princip aller Dinge sein? denn das absolut Dasselbe kann doch immer nur wieder ein Selbiges erzeugen 70a. Wie kann es also Dinge schaffen, die unter sich total verschieden sind? Antwort: Weil es sich nicht vervielfältigen lässt; und, da es doch auch mit den Dingen weder identisch, noch von ihnen verschieden sein kann, da es sonst nicht mehr das absolute, dasselbe Princip wäre, so ist sein Schaffen der Dinge ein Identifizieren, näherhin ein Assimilieren cf. 70b: omnis identificatio reperitur in assimilatione". (cf. das Beispiel der Anfertigung von Gläsern durch Blasen, das des Lehrens u. a., desgleichen id. III 13). Das Selbige steigt zu dem nicht Selbigen herab und ruft das nicht Seiende

zum Sein, das non idem steigt zu dem idem ipse herauf, und
weil es dasselbe nicht erreichen kann, so assimiliert es sich ihm
cf. fol, 70b, „Assimitatio autem dicit quamdam coincidentiam . . .
ad idem". Das Werden alles Seins, das explicare, wird also hier
ein Assimilieren, ein Participieren an dem absoluten Sein ge-
nannt (ebenso später ber. 15, 16 und bereits doct. l. 17, 18).

Eine andere Frage freilich ist es, ob diese neue Definition
nicht eher eine Verdunkelung als Verdeutlichung des früher Gelehrten bedeute. Denn wer möchte den Sinn der Worte, dass
das Schaffen des Absoluten ein Sichverähnlichen seiner selbst
mit den Dingen sei, wirklich verstehen? Wir unsererseits wenigstens sind nicht in der Lage.

Ebensowenig vermag das für verloren gehaltene Gespräch
„de non aliud" (cf. Uebingers Abdruck) das Explikationsproblem
plausibel zu machen. Wir greifen mit gutem Grunde in der histo-
rischen Reihenfolge der Schriften ein Stück vor, weil diese
Schrift den konsequenten Abschluss des in doct. inaugurierten
und de gen. weiter geführten Gedankenganges bildet. Hierin
ist Gott das non aliud, cf. Cap. I, d. h. er kann nur durch sich
selbst definiert werden, er ist das Erste und von allem spätern
absolut freie Sein. Alles Endliche hat sein Princip ausser sich,
nicht so Gott: er ist Princip seiner selbst (cf. die Definition desselben Cap. 6.). Wie der unsichtbare Sonnenglanz in den sichtbaren Regenbogenfarben, so erscheint das Nichtandere in dem
Anderen-Endlichen. cf. Cap. 8. Wie aber schafft es dasselbe?:
durch seinen Willen (cf. Cap. 9., ebs. später ber c. 22, 23 und
das über doct. II. 3 Gesagte).

Auf diese Erklärung des in Frage stehenden Problems legt
nun Nikolaus seltsamer Weise hohen Wert, denn sie enthalte
das, was er seit langen Jahren suche, Cap. 4. Kein anderer
Deutungsversuch gilt ihm nach ven. 14 für deutlicher; doch
dass sich damit das Denken in pure Wortklügelei verliere, auch
dieses sah er bald ein. Denn absolut zufrieden ist er am Ende
auch mit diesem Erkenntnisfunde nicht, und kehrt daher von
seinen unfruchtbaren Streifzügen wieder zu der Grundlage der
doct. ign. zurück. Je besser . . . desto gelehrter cf. ven. 12.

Die folgende Schrift „de beryllo" bietet nichts Neues.

In der Lehre von der Koincidenz der Gegensätze begrüsste
Nikolaus früher (cf. gen. 69b) ein fruchtbares Princip, woraus

sich das Explikationsproblem werde lösen lassen. In dieser
Hoffnung täuschte er sich; ermattet sinken die Ikarusflügel aus
den überschwenglichén mystischen Regionen auf das dem menschlichen Denken verständlichere Gebiet der doct. ign. herab.
Parallel der die Lehre von der Koincidenz der Gegensätze
weiterbildenden und abschliessenden Richtung läuft eine zweite,
die, den absoluten Weltgrund hinter und über jener Koincidenz
suchend, und, aus bereits in Conj. und Apol. vorhandenen Ansätzen
hervorwachsend, sich in „de visione“ 1453 in extremer Weise
geltend macht.

Die Begriffe Komplikatio und Explikatio, die Nikolaus in
doct. ign. Schritt auf Schritt verwendete, werden nämlich bereits
in Konj. I. 7. 10. u. s. w. zu bloss verstandesgemässen Annahmen
degradiert, die im Lichte der Vernunft unhaltbar seien. Gott
ist über jeden Begriff erhaben, über Bejahung und Verneinung,
sowie über beides zugleich. Weder für die Vernunft und noch
weniger für den Verstand ist er präzis erfassbar.

Das Ziel der konsequenten Fortbildung dieses Gedankens
bildet die Schrift de visione: Gott ist „jenseits der complikatio
und explikatio“ Cap. 11. Er schafft nicht und wird nicht geschaffen. Doch, so fragen wir, wo bleiben da die Geschöpfe?
Ist nicht jede Beziehung zu ihnen gelöst? Nein, antwortet
Nikolaus, Gott als der Unendliche ist auch das Ende alles Endlichen Cap. 13, die Eine gestaltende Form, das adäquateste Urbild alles Seins Cap. 9, freilich superexaltatus über Alles. Doch
wie schuf dann Gott die Geschöpfe?: Durch sein Sehen; Gott
sieht sie und sie sehen Gott; sein Sehen ist also sein Schaffen
(ebenso Augustin). Doch wie ist dann das zeitliche Nacheinander der Dinge zu erklären?: So wie die Uhr alle Stunden
in sich enthält, aber im zeitlichen Nacheinander anzeigt, so
begreift und entfaltet die Ewigkeit das Nacheinander Cap. 11.
Oder wie das Licht in Aehnlichkeit seiner selbst die Farbe
erzeugt, in welcher alles Sichtbare enthalten ist, so schafft Gott
die Dinge (cf. ven. 6 u. quaer deum). In Cap. 7 endlich sieht
der Mystiker in Gott das unbegreifliche Princip aller Samen-
keime, aus denen die Dinge geworden sind: „Ich erkenne den
Baum als eine Entfaltung seiner Samenkraft, in der er virtualiter war, und diese wiederum als die Entfaltung der allmächtig

geeinten Kraft, [1]) ebenso Kap. 14. Doch lenkt der Mystiker hier gleich wieder zurück und betont sogleich die blosse Sinnbildlichkeit des Gesagten, das unfähig ist, die Wahrheit präzis zu erfassen. Die Finsternis wird um so dichter, je näher wir dem unerreichbaren Lichte kommen. Das ist der herrschende Grundgedanke der in der mittleren Schriftengruppe herrschenden Mystik. Die doct. ign. behauptet also auch hier wieder ihr Recht. Das Explikationsproblem aber ist seiner Lösung nur ferner gerückt. Und wie wäre dies auch anders möglich, da das Absolute, statt es den Dingen näher zu rücken, gerade umgekehrt in unerreichbarer Ferne gesucht wird! So kommt der Mystiker trotz allem Ringen nicht über den Begriff der absoluten Ursächlichkeit und Urbildlichkeit hinaus. Das Produkt der explicatio muss unter diesen Umständen natürlich erst recht eine verringerte Wirklichkeit bedeuten. In dem Bewusstsein von der Unfruchtbarkeit der Mystik und müde der gekünstelten Begriffsbestimmungen führt jetzt der Philosoph die „Gotteslehre aus der engen und düsteren Zelle des intrare in caliginem mitten in die weiten und lichten Räume des Weltalls hinaus" (Scharpff), und setzt an die Stelle des inhaltsleeren Begriffes der Unbegreiflichkeit den reellsten aller Begriffe, den des Könnens.

Bisher suchte der Denker von allem Endlichen zu abstrahieren; ja selbst die symbolische Verwendung desselben erscheint der mystischen Intuition im verführerischen Lichte (doct. I, 11), und nur das „divinaliter intentum explicare" bleibt als einziger Weg übrig.

Die visio bedeutete eben eine Ueberspannung der menschlichen Erkenntniskräfte, wobei die reelle Welt verloren gieng. Ohne diese aber hängt alle Spekulation als betrügendes Phantasma in der Luft. Die Welt darf nicht einfach für die Wirklichkeit verloren gehen; sie ist doch einmal für uns da, in ihr lebt der unendliche wie der endliche Geist, darum muss sie für die Erklärung des Daseinsproblems auch gebührende Berücksichtigung finden und mindestens der Ausgangspunkt des Denkens sein. Ein Ueberbordwerfen ist kein Erklären der Welt. Darum heisst jetzt der Weg: willst du das Unendliche verstehen, so sieh dich nach dem Endlichen um. Das Gespräch: *de sap.* liefert

[1]) Diese Stelle klingt bereits an die Periode des posse an.

durch den Ausgang des Idioten vom Zählen, Messen und Wägen auf dem römischen Forum den Beweis hiefür. Die Frage, die wir aber dabei nicht aus den Augen verlieren dürfen und auf die es uns lediglich ankommt, ist wiederum die: Was kommt durch diesen neuen Denkversuch für das Problem der explicatio heraus?

Den Mittelpunkt des neuen Versuches bildet das Gespräch über das *„possest"* aus dem Jahre 1454: Auf Grund der Römerbriefstelle I, 20: „das Unsichtbare . . . Gottheit" ist klar, dass wir das Unsichtbare nur aus dem Sichtbaren erkennen können, denn die Welt ist Gottes Abbild. Fol. 179 b. Dann aber fragt es sich, was erkennen wir als das Wesen der Kreaturen?

Dass dieses in einer gewissen, allerdings determinierten Möglichkeit bestehe, im Gegensatz zu Gott als der absoluten Möglichkeit, wird schon an Stellen wie ign. II, 7, 8, ausgesagt, aber noch nicht zum Ausgangspunkt des Denkens überhaupt gemacht. In den Schriften der mittleren Periode wird, da das Endliche *„ganz"* zurücktritt, mit dem Begriff des Könnens nur ganz gelegentlich operiert, z. B. id. III, 11, vis. 15 etc. Erst in der Schrift „de possest" tritt der Begriff des Könnens, wie bereits erwähnt, in exklusiver Weise als beherrschender auf, und wird in verschiedenen Nüancierungen zum Träger der ganzen folgenden Spekulation.

Jedes wirkliche Ding muss auch sein *können,* denn ein unmögliches Sein, d. h. nichtseinkönnendes Sein giebt es nicht; cf. fol. 175 a: cum igitur actualitas . . . cum impossibile esse non sit. Analog gilt dasselbe von der absoluten Wirklichkeit und Möglichkeit; denn das absolute Seinkönnen (Seinsmöglichkeit) kann nicht *vor* seiner Wirklichkeit sein, wiewohl in der Welt die Möglichkeit der Wirklichkeit stets vorausgeht.

Denn nur durch Wirklichkeit kann es zur Wirklichkeit geworden sein; andernfalls müsste ja die Möglichkeit sich selbst in Wirklichkeit umgesetzt haben, was auf die Paradoxie hinausläuft, dass das Können (= Möglichkeit) bereits vor seiner Verwirklichung wirklich sei. Die absolute Möglichkeit kann also der absoluten Wirklichkeit nicht vorangehen, ebensowenig auch ihr nachfolgen; denn Aktualität ohne Potentialität ist ebenfalls ein Widerspruch. Beides in seiner Verbindung also bildet das gleichmässig ewige Sein, das einfache Prinzip der Welt (= Gott).

In ihm sind Wirklichkeit und Möglichkeit notwendig ewig zusammen, in den Dingen dagegen sind sie unterschieden, d. h. nach einander. Die Kreatur muss wohl potentiell sein, was sie aktuell ist, braucht aber nicht aktuell zu sein, was sie potentiell ist; nur Gott ist notwendig das, was er potentiell ist, immer auch zugleich aktuell, d. h. das possest.

Was leistet nun aber diese Deduktion für die Erklärung des Explikationsproblems? Nach des Nikolaus Ansicht sehr viel; durch sie glaubt er alle Finsternis verscheucht zu haben ; cf. fol. 176 a.

Das possest ist nämlich die „complicatio umnium". Es schliesst alles Können, alles Sein, in sich, fol. 176 a: „omnia in illo utique complicantur." So wie die mit der Eigenschaft des possest ausgestattet gedachte Linie das zureichende Urbild für alle wirklichen oder möglichen Figuren ist, so kompliziert das possest alles aktuell wie potentiell Existierende auf wirkliche Weise und unterschiedslos in sich und entfaltet es aus sich. Alles ist in ihm „in sua causa et ratione." Doch auch der Begriff des possest reicht zum Verständnis der explicatio nicht aus, cf. fol. 179 b: „intellectus . . . non capit"; zwar nicht alles ist blosse Vermutung. Denn, dass das absolute Unendliche durch den Kenner des Endlichen erkannt werde, ist gewiss, cf. fol. 183 b : „diximus mente . . . creatum intelligit," daher muss Gott *unbedingt* das possest samt allem Darinliegenden sein. Wie es aber das Endliche aus sich entfaltet, bleibt dunkel; hierfür gilt immer noch die Grundlage der doct. ign.

In der Schrift „*de ven. sap.*"[1]) baut der' unermüdliche Denker unter Zugrundelegung des zuverlässigen Satzes: „Was nicht werden kann, wird nicht", das ganze System noch einmal auf.

Der angezogene Grundsatz lehrt, dass alles Geschehen ein „Werdenkönnen" voraussetzt; diesem aber wieder geht als Prinzip und Ursache ein Nichterschaffenes, Nichtgewordenes, das ewige Absolute voran, cf. cap. III: „omne autem . . . posse fieri." Dagegen das Werdenkönnen hat, da es dem Absoluten nachfolgt,

---

[1]) Weder Scharpff noch Uebinger scheint die Zeitlage der letzten Schriften richtig zu bestimmen. Wir ordnen aus innern Gründen so : de ven., de ludo glob. II, apex th., compend.

einen Anfang, cf. cap. III: „sed cum sit post . . . habet initium."
Nur ist sein Entstehen kein Gewordensein, sondern ein Geschaffen-
sein, da es ausser dem Absoluten nichts voraussetzt, im Gegensatz zu den endlichen Dingen, die durch Gott aus ihm produziert
sind. Der Hervorgang des Endlichen aus Gott ist demnach so
zu denken, dass Gott zunächst das Werdenkönnen schuf und in
dieses die Naturen, d. h. die Muster der Dinge, „wie sie nach
der vollkommenen Entfaltung der göttlichen Vorherbestimmung
werden müssen," versenkte („cum in . . . fieri debent"). Jene
Muster nun ahmen die Dinge im zeitlichen Verlaufe ihrer Entfaltung aus dem Werdenkönnen nach: „intueor .... imitando."
Gleichwie der Gelehrte, der eine Logik schaffen will, zunächst
durch Aufstellung der Schlussfiguren das Werdenkönnen der
Wissenschaft hervorruft und dann den Schüler aus den Figuren
Schlüsse ziehen lässt, oder wie das Licht (cap. 4), das die Welt
erhellen wollte, zunächst die alles Sichtbare enthaltende Farbe
schaffen müsste, um durch sie das Sichtbare aus der Potenz in
die Wirklichkeit zu überführen (cf. vis. cap. VI), so stellte Gott
gewissermassen dem zuvor geschaffenen Werdenkönnen die Aufgabe, die in ihm komplizierten Ideen zu realisieren (cap. IV).
Das Werdenkönnen ist daher gleichsam der Same,[1]) aus dem die
schöne, lichtvolle Welt sich zur Wirklichkeit entwickelte.

Doch Nikolaus ist mit dieser klaren, bündigen Gedanken-
bewegung noch nicht zu Ende, und beginnt mit Hilfe der drei
Begriffe: possefacere, possefieri, possefactum die Erörterung noch
einmal. Das Dritte gieng aus dem Zweiten durch das Erste, das
Zweite durch das Erste hervor.

Wozu diese neue Operation? Offenbar nicht, wie Uebinger
pag. 119 meint, aus Mangel an einer einheitlichen Bezeichnung
für die 3 Seinsarten, sondern, wie uns scheint, zur Abwehr
pantheistischer Folgerungen. Denn wenn Gott der einheitlich
aktuelle, und das Werdenkönnen der potentielle Grund des zu
explizierenden, endlichen Seins ist, so ist der qualitative Unter-

---

[1]) Auch Augustin vergleicht das Hervorgehen der Welt aus Gott
mit der Entwicklung des Baumes aus dem Samen (de civ. dei XXII, 24).
Natürlich ist bei beiden, bei Augustin wie bei Nikolaus, schon vor dem
Evolutionsprozess Alles ausgebildet vorhanden und wird nur im zeitlichen
Nacheinander zur concreten Wirklichkeit expliciert.

schied beider nicht genügend gesichert, denn auch das „Schaffen" des Werdenkönnens, so sehr es auch betont wird, sinkt bei dieser Auffassungsweise zur Bedeutung einer blossen Wesensemanation aus Gott herab, wenn auch Nikolaus ausdrücklich den Neuplatonismus zurückweist, cf. ven. XXI. Darum betont er noch einmal ausdrücklich den qualitativen Wesensunterschied zwischen dem possefacere und dem possefieri, cf. Cap. 39: „non igitur ... differentia." Das Evolutionsproblem aber erfährt dadurch keine Weiterbildung. Der Grundgedanke der Entfaltung des Endlichen von der Potenz im Werdenkönnen zur Aktualität des Seins bleibt bestehen.

Uebrigens sind, so sehr auch Nikolaus das Erschaffen des Werdenkönnens betont, auch so noch nicht alle Unklarheiten aus dem Begriff des Werdenkönnens eliminiert. Denn was es eigentlich sei, bleibt unklar. Dass es nicht mit Stöckl der sogenannten 2. Materie der Scholastik gleichgesetzt werden darf, behauptet Uebinger mit Recht. Ebenso ist die πρώτη ΰλη des Aristoteles nicht damit identisch, da es „die Naturen der einzelnen Dinge keimartig enthält," während diese vielmehr das letzte stofflose, nur die Keimanlage zu bestimmten aktuellen Formen in sich tragende Prinzip alles δυνάμειον wie ἐνεργείαον ist, das, was in letzter Instanz dem Unterschiede der Elemente zu Grunde liegt, reine Entelechie. Eher möchte man es mit dem δυνάμειον selbst zusammenstellen. Denn auch dieses ist die keimartige Anlage zur Wirklichkeit. Doch auch hier gilt: omnis similitudo claudicat. Denn das δυνάμειον hat das Bestreben zu bestimmten Gattungstypen in sich: der Kirschkern will Kirschbaum, das Ei Vogel werden. Nicht so das possefieri. Auch an den plotinischen νοῦς könnte man denken, denn beide Faktoren sind weltbildend gedacht; doch während der νοῦς aus Gottes Wesen emaniert, wird das Werdenkönnen durch Gottes Willen aus dem Nichts geschaffen.

Das aber ist klar, dass das Werdenkönnen den potentiellen Zustand des aktuellen Seins bedeutet.

Da dasselbe also ein unklar gedachtes Mittelglied zwischen Gott und Welt bedeutet, reden auch die 2 folgenden Bücher über das „Globusspiel" wenig davon und greifen vielfach wieder zu dem Anschauungskreise der frühesten Schriften zurück : Gott die alles in sich befassende und aus sich entfaltende complicatio.

Nur Fol. 157 b heisst es zur Erläuterung des Werdenkönnens; also: das Werdenkönnen ist nicht etwa ein stoffliches Substrat,. woraus die Welt gemacht worden ist, sowie die Kugel aus Holz, sondern besagt nur, dass die Welt aus der Seinsweise der Möglichkeit (= Werdenkönnen) in die der Wirklichkeit übergegangen ist, gleich wie die Kugel im Holze möglich, durch Determination der Möglichkeit aber wirklick ist: „intellegisne ... transivit." Der göttliche Geist wäre ja nicht allmächtig, wenn er nur aus Etwas etwas machen könnte. Ueber die Herkunft des Werdenkönnens werden wir auch hier auf eine creatio ex nihilo verwiesen. Wir sehen, das Werdenkönnen ist auch hier schwerlich begriffen.

In gewaltigem Ringen seines Geistes lässt es Nikolaus auch schliesslich wieder fallen und greift, um das Problem der Entfaltung des Seins aus dem Absoluten zu lösen, zu dem einfachsten aller Begriffe, dem des reinen Könnens.[1]) Diese innere Fortbildung und definitiven Abschluss des Systems vollzieht das Gespräch über die „Krone der Erkenntnis" (de apice theoriae).

Unzweifelhaft giebt es ein allen Substanzen gemeinsames Wesen, das ist die invariabilis subsistentia (fol. 219: „attendi ... subsistentiam"), oder das einfache Können, das posse ipsum. Denn ohne das Können kann überhaupt Nichts sein, es ist das wahre, früheste Wesen der Dinge, fol. 218: „quare . . . quicquam." Denn wer kennte das Können nicht? Sagt nicht der Knabe: Ich kann laufen, kann sprechen etc.? Sind nicht alle Nachkommen Adams dessen Können? Alles Geschehen ist nichts anderes als das Können der ersten Ursache; ja selbst der Zweifel an etwas setzt das Können voraus. Alles besondere, spezifische Können, z. B. Sein —, Erkennenkönnen etc. sind nur verschiedene Manifestationen des Einen Grundkönnens. Aufsteigend vom Endlichen zum Unendlichen müssen wir daher sagen: das absolute Urkönnen ist Gott selbst (= posse); das ist der inhaltsvollste und zugleich einfachste Begriff, diese Erkenntnis die Krone alles Wissens. In

---

[1]) Unwillkürlich wird man hier an Schelling erinnert; auch dieses gewaltige Denkerleben ist reich an tastenden Versuchen zur Lösung des Weltproblems. Und nachdem einer den andern verdrängt, greift der Philosoph nach 60jährigem Ringen schliesslich zu den positiven Religionen, um an deren Hand das Daseinsrätsel zu verstehen.

diesem göttlichen Urkönnen muss alles Seiende enthalten sein (fol. 219 b: „hinc posse . . . continentur" = complicantur). Von diesem Gesichtspunkt aus löst sich das Entwicklungsproblem leicht auf: alle Dinge sind nur Erscheinungsweisen des Einen Könnens, fol. 220 a: „et non videbis modos . . . apparens." Wie das Bild die Erscheinung und Offenbarung ist, so sind alle Dinge des Könnens Spiegelbilder, fol. 220 b: „nam in omnibus . . . posse ipsum."

Auch in der letzten Schrift „compend." ist das Grundprinzip alles Seienden, Gott, das reine absolute posse, cf. z. B. Kap. X: „ipso posse nihil prius esse potest . . . quæcunque igitur aut esse aut cognosci possunt, in ipso posse complicantur." Und einige Zeilen später heisst es: „posse omnia uniter complicat et explicat." In fast synonymem Sinne mit posse wird im 7. Kap. das „Wort" eingeführt als das alles in sich befassende, alles Sein bestimmende Prinzip, wobei unzweifelhaft an Joh. I, 1—4, gedacht ist.

So kehrt Nikolaus gleich dem grossen Schelling nach einem vielbewegten Geisteskampfe aus den Höhen der Spekulation zu dem positiven Grunde der heiligen Schrift zurück.

Das reine Können ist also einmal an die Stelle des possest, sodann an die des possefacere und possefieri getreten, wodurch ganz unvermerkt diese beiden Begriffe (p. facere und p. fieri) zusammengeschmolzen sind, wiederum ein Beweis dafür, dass Nikolaus in der Bestimmung des ersteren hart an den Neuplatonismus streift und eine prinzipielle Unklarheit verrät. Aber auch die Aussagen über das posse ipsum scheinen eine Wesensgemeinschaft zwischen Gott und Welt zu lehren; denn dass die Welt eine Erscheinung Gottes ist, ist nur im Rahmen des Pantheismus verständlich. Das hebt auch Stöckl pag. 67 mit Recht hervor. Wenn sich trotzdem Nikolaus immer wieder dagegen wehrt, so gilt auch hier wieder das bereits über den Lehrgehalt der doct. ign. gefällte Urteil.

Ueberblicken wir noch einmal die ganze Denkreihe, die das Können in irgend einer der vorgeführten Formen zum Ausgangspunkt der Spekulation macht, so scheint uns das Problem der explicatio trotz der jedesmaligen Nüancierung dennoch im Grunde genommen gleichmässig und einheitlich gedacht zu sein: die

Welt tritt aus der ursprünglichen Potenz in die Aktualität, aus der Unvollkommenheit in die Vollkommenheit über.

Aus der chronologisch angestellten Betrachtung des Verhältnisses von Gott und Welt gewinnen wir somit für die Bestimmung des Entwicklungsbegriffes *zwei Hauptresultate:* 1. *Die explicatio* ist ein (dualistisch *und* pantheistisch zugleich gedachter) *abschwächender Hervorgang* aus der alles *Wirkliche* enthaltenden und umfassenden göttlichen complicatio. 2. Die explicatio ist *ein Aktualisieren,* d. h. *ein fördernder Hervorgang* aus dem *potentiell* alles umfassenden posse.

2. Das Universum und seine Gliederung.

Im Anschluss an das Verhältnis von Gott und Welt betrachten wir die Verwendung des Entwicklungsbegriffes auf dem Gebiete der Kosmologie. Diese findet sich hauptsächlich in den beiden frühesten Hauptschriften: *doct. ign.* und *conj.*

Der Stufenbau des Universums wird durch das Prinzip der Zahlenbildung beherrscht. Die Zahl ist das Prinzip aller Dinge; nichts kann früher sein als sie. Denn alles, was aus der absoluten Einheit heraustritt, ist ein Zusammengesetztes. So ist z. B. der Ternar eine Kombination von drei aus sich selbst zusammengesetzten Einheiten (conj. I, 4). Die Zahlenprogression erschöpft sich in Quaternar, d. h. in der Quersumme der vier ersten Zahlen = Zehnzal. Diese ist somit die natürliche Entfaltung der einfachen Einheit und als solche die zweite Einheit. Die gleichartige Progression (10 + 20 + 30 + 40) führt zur dritten (100) und schliesslich zur vierten und letzten komplikativen Einheit (1000). Die gesamte Zahlenwelt ist somit nichts anderes als die progressive Explikation der ersten Einheit (conj. I, 5).

Mit Vorausblick auf die Zahlentheorie lehrt nun Nikolaus ign. II, 6: wie der Denar, die Explikation der Einheit, die Wurzel des Quadrates und des Kubus bildet, so ist die aus Gott explizierte Einheit des Universums die Wurzel der dritten oder quadratischen, sowie der vierten oder kubischen Einheit, d. h. das Universum expliziert sich in 3 Einheiten, die je stufenmässig aus einander hervorgehen und schliesslich zum partikularen Sein herabsteigen: in die 10 höchsten Allgemeinheiten (= Universalien), Gattungen und Arten. Diese 3 Stufen zusammen bilden die Reihen der Universalien, die allerdings nicht ausser, sondern

nur in den Dingen konkret existieren. Aus dieser ihrer imma-
nenten Natur folgt zugleich, dass die Stufen des Universums
nicht zeitlich (wie Aviccenna u. a. lehren), sondern nur logisch
nach einander zu denken sind, und mit dem Entstehen des Universums alle zugleich ins Dasein getreten sind (ign. II, 4). Das
Universum ist somit nur kontrakte in den Dingen, oder anders
gesagt, jedes wirkliche Ding ist ein zusammengezogenes Universum. Nun ist aber Gott selbst in dem Universum das, was
es seinem absoluten Wesen nach ist, daher gilt der Satz: Alles
in Allem, Jegliches in Jeglichem, d. h. Gott entfaltet sich (ist)
mittelst des Universums in den Dingen (ign. II, 5).

In conj. I, 6 stellt Nikolaus unter dem gleichen Gesichtspunkte der Zahlenprogression folgende Stufenleiter des Alls auf:
Gott, Vernunft, Seele, Körper. Jede der folgenden ist die jedes-
malige Explikation der vorhergehenden (conj. I, 6—10). Die
göttliche Einheit fasst alle andern in sich, die geistige ist die
einfache und alles Anderssein indivise atque irresolubiliter in
sich schliessende, die Seele, die durch den Gegensatz beherrschte
quadratische, weiterer Entfaltung unfähige letzte Einheit. Geist,
Seele, Körper sind somit die 3 Seinsstufen des Universums.
Nach conj. I, 14 endlich expliziert sich das All in eine oberste,
mittlere und untere Welt, mit Gott, Vernunft und Verstand als
Centrum; die Sinnlichkeit ist gewissermassen nur die grobe Rinde
um die dritte Welt. Indem nun jede dieser 3 Welten je nach
dem Vorwiegen eines der drei Faktoren sich wiederum in je drei
andere Welten auseinander legt und sofort, so ensteht ein ungeheurer Reichtum an Explikationen, cf. I, 15.

Eine andere Betrachtung der Stufenfolge im All ergiebt
sich aus dem bereits bekannten Satze: die Einheit des Alls ist
eine dreiheitliche, nämlich zusammengesetzt aus der absoluten
Möglichkeit, Wirklichkeit und dem Bande beider; daher giebt
es ausser Gott 3 Seinweisen: die der eingeschränkten Möglichkeit (= Universum), der bestimmten (= Welt) und der
reinen Möglichkeit (= wie die Dinge sein können). Diese 3
Weisen bilden eine universelle Seinsart (ign. II, 7), und zwar
so, dass immer die niedere aus der höheren hervorgeht. Analog
dem universellen Stufenbau, den wir für unsern Zweck nicht
weiter zu verfolgen brauchen, denkt sich nun Nikolaus weiterhin
die Bewegung im All, cf. ign. II, 10. Die Alten dachten sich

die Bewegung als Produkt von Materie und Weltseele; jene
trägt das Verlangen nach Wirklichkeit in sich, ohne durch eigene
Kraft in der Lage zu sein, zu ihr zu gelangen. Diese trägt wie
in einem Knäuel eingewickelt die Ideen, d. h. die Formen der
Dinge, in sich. Indem sie diese in die verlangende Materie hin-
einsenkt, entsteht die beide verbindende und das ganze Universum durchdringe Bewegung = Natur. Anders Nikolaus. Er
lehrt: Alle zeitliche Bewegung ist nur die Explikation der
Planetenbewegung, wie diese sich wiederum aus Gott = der
ersten Bewegung entfaltet hat. Die Planetenbewegung ist die
durch das ganze Universum gehende Gesamtbewegung und heisst
als solche Natur. Die Natur ist also die complicatio von allem,
was durch Bewegung entsteht. Wie diese Bewegung aus Gott
heraus mit Beibehaltung der stufenmässigen Odnung durch das
Allgemeine in das Partikulare herabsteige, wo sie in zeitlich
konkreter Gestalt erscheint, ist ungefähr so zu denken, wie der
Vorgang der Sprache: Ich spreche zuerst die Buchstaben, dann
die Silben, endlich die Worte und den ganzen Satz· aus, wenn
auch selbstverständlich diese Ordnung nicht physiologisch unterschieden wird. Der Reichtum der universellen Entfaltungsweisen
selbst aber ist als Ganzes die einheitliche, *einmalige* und plan-
mässige explicatio des göttlichen ordo, der alles zu unauflöslicher
Einheit und stetiger, lückenloser Kontinuität des Seins ordnet
und einfügt (cf. Augustin — Leibniz), ign. III, 7, *ven.* Kap. 30
bis 32 u. a.

Die *explicatio,* sehen wir, ist *in der Kosmologie* im allgemeinen nicht anders gedacht, als in der in den nämlichen Schriften
vertretenen Bestimmung des Verhältnisses von Gott und Welt.
Sie bedeutet auch hier *durchweg* das *Herabsteigen aus dem*
notwendigen, *vollkommenen in den* möglichen, *unvollkammenen*
Zustand. Das zeigt sich besonders klar conj. I, 14.

3. Geist und Erkenntnis.

Einen breiteren Raum als die Kosmologie nimmt die Erkenntnislehre in des Nikolaus Schriften ein. Sie bietet für die
Ermittelung der Bedeutung der explicatio reiches Material.

Die Weltstellung des Geistes ist uns aus der Stufenlehre
des Alls bekannt. Jetzt gilt es, sein spezifisches Wesen, sowie

sein Verhältnis zu den Erkenntnisprodukten zu beleuchten. Dabei aber wird sich uns der Explikationsbegriff in teilweise ganz neuem Lichte zeigen. Als rationelles Wesen gehört der Mensch zwei Welten zugleich an: der sinnlichen und der geistigen. Die höchste Stufe der ersteren fällt mit der untersten Stufe der letzteren in ihm zusammen. Er ist eine Welt im kleinen, ein kontrahiertes Universum, [1]) die Krone der Schöpfung (universa intra se constringens, *ign.* III, 3, ebenso später lud. fol. 157 a: „homo perfectus mundus").

Alles schliesst also der menschliche Geist in sich; daher kann er aber auch nichts erkennen, was nicht bereits vorher implicite in ihm läge, cf. ign. II, 6: „nihil potest . . . explicat." Die schöpferische Thätigkeit der menschlichen ratio kommt also nicht über sich selbst hinaus, [2]) sondern sie produciert, d. h. erkennt nur das in ihr potentiell Präexistierende (conj. II, 14).

Wie erkennt nun aber der menschliche Geist? Wie kommt sein Erkennen zu stande? Antwort: Wie Gott die Welt schafft, so entfaltet der menschliche Geist, als das erhabene Ebenbild Gottes, in Aehnlichkeit der sinnlichen die begriffliche Welt aus sich, als Abbild der in den Dingen konkret existierenden Universalien seine eigenen. Erkennt er also die Welt, so bringt er ein bereits in ihm konkret liegendes Bild der Welt mittelst sinnbildlicher Zeichen zum Bewusstsein, d. h. zur Entfaltung (ign. II, 6 Ende, ebenso später ven. 29 Ende), oder, wie es conj. I, 3 heisst: er expliziert zum Zwecke der Erkenntnis aus sich, als dem Bilde der allmächtigen Form, in Aehnlichkeit der wirklichen Dinge Verstandesdinge. Und wie Gott alles um seiner selbst willen wirkt, um Anfang und Ziel von allem zu sein, so ist auch die Auswicklung der komplizierten Begriffswelt Selbstzweck des Geistes. Denn je tiefer er sich in der aus sich entwickelten Welt erkennt, um so reicher wird er befruchtet (!). Daher sein natürlicher Durst nach Erkenntnis, d. h. Vervollkommnung,

---

[1]) Deutlich blickt hier der Grundgedanke der Monadologie hindurch. Ob freilich zwischen Nikolaus und Leibniz ein historischer Zusammenhang bestehe, ist eine andere Frage.

[2]) So streift hier Nikolaus hart an den Kantischen Apriorismus an, andererseits spricht er den Grundgedanken des Rationalismus (nur mit anderen Worten) aus: Die Monade hat keine Fenster, sondern . . . . cf. Leibniz, nouv. ess., lib. 1.

Bereicherung (conj. I, 3). Aehnlich heisst es Kap. 13 : Je durchgebildeter (formior) die Erkenntnis Gottes, desto näher kommt ihre Potentialität der höchsten Aktualität, je dunkler aber, desto entfernter ist sie von ihr. Diese begriffebildende Verstandesthätigkeit beruht nun auf dem fruchtbaren Prinzipe der Zahlen. Die Zahl ist die erste Explikation des Verstandes, sie ist gleichsam der entfaltete Grund der Verstandesentfaltung selbst. Ohne sie wäre nichts erkennbar für den Verstand. Dass er sich der Zahl bei seinen Mutmassungen bedient, heisst: er bedient sich seiner selbst und bildet alles in seiner natürlichen Aehnlichkeit, sowie Gott Alles durch Mitteilung seines Seins bildete. Der Mensch ist das Mass der Dinge. Nur in seinem Bilde, der Zahl, erkennt er seine eigne Einheit, und zwar als eine vierfache: Als einfachste, Wurzel der folgenden, Quadrat der zweiten, Kubus der zweiten. Er nennt sie der Reihe nach: Gott, Vernunft, Seele, Körper (cf. Stufenlehre); mit andern Worten: er erkennt die Dinge entweder göttlich, wie sie notwendig sind, oder vernünftig, wie sie zwar nicht notwendig aber wahr, oder seelisch, wie sie wahrscheinlich, so oder so sind (sowie die Zahl grade oder ungrade ist), oder sinnlich, wie sie selbst die Wahrscheinlichkeit verlieren und Verworrenheit annehmen, cf. conj. I, 6. Den vier allgemeinen Seinsweisen entspricht also eine vierfache Erkenntnisweise des Geistes. Auf die *verschieden* aufgestellten Stufenreihen der Verstandeserkenntnis brauchen wir nicht einzugehen. Jede dieser Stufen ist, darin liegt für uns der springende Punkt, entsprechend der Stufenleiter der 4 Seinswesen: 1. Im Verhältnis zu der jedesmal vorangehenden die explicatio; 2. im Verhältnis zu ihren Produkten die complicatio. So ist der Intellekt die Komplikation der Prinzipien; die Seele kompliziert die Begriffe, die Zahleneinheit, den Punkt etc., die Sinne komplizieren die Empfindungen aus sich. Die explizierten Produkte aber sind, wie gesagt, z. T. selbst wieder komplikativer Natur. So wie der Same die Explikation des gegenwärtigen Baumes und die complicatio des zukünftigen ist, so wächst aus den aus dem Verstande explizierten Begriffen als dem Samen der Baum der Verstandeserkenntnis hervor, der wiederum staunenswerte Früchte trägt, und so fort in infinitum. Dasselbe gilt von den aus der Vernunft entfalteten Prinzipien als dem Samen der Vernunfterkenntnis. Durch den Senar, Septenar und

Denar wird dies veranschaulicht II, 7. Nur der sensus ist zu weiterer Entfaltung unfähig; in ihm hat der Geist das Ende seines Ausströmens erreicht, darum kehrt jetzt die sinnliche Einheit nach oben zurück. Der Sinn steigt zum Verstand, dieser zum Intellekt, dieser zu Gott, dem Anfang der Explikation, im Kreislaufe zurück I, 10, 16. Das Göttliche giebt sich dem Endlichen hin, auf dass dieses zu ihm zurückkehre, vergeistigt werde, II, 13, 14. Dem Nikolaus schwebt wohl dabei das Bild des Regentropfens vor, der, aufsteigend aus dem Meere, schliesslich zu ihm wieder zurückkehrt. Warum ist dieser Kreislauf aber nötig? Warum muss, damit das Sinnliche sich vergeistige, das Geistige erst in die Region des Sinnlichen herabsteigen? Antwort: Der Geist bedarf des Sinnlichen als Mittel zu seiner eigenen Förderung; denn der Körper muss den schlafenden Verstand durch ein gewisses „Staunen" erst zur Explikation seiner komplikativen Fülle anregen; er ist daher das Schwungbrett, das Schiff des ins Ewige sich erhebenden Geistes.

Ausgang und Rückkehr des Geistes sind also zwei sich notwendig einander ergänzende, jedoch nicht zeitlich getrennte Akte, sondern fallen in einen zusammen. Ein Schritt des Unendlichen nach unten hin bedeutet zugleich für das Endliche einen Schritt dem Oberen näher (II, 7, 10, 16).

Je tiefer sich die Vernunft in die Sinnesregion versenkt, je mehr wird diese von ihrem Lichte absorbiert, so dass zuletzt das Anderssein, in der Vernunfteinheit aufgelöst, seine Ruhe findet; je mehr sich der Geist aber von dieser Andersheit loslöst (se abstrahit), desto vollkommener wird er. Schaffen und Erkennen ist daher identisch. Der Zweck der Schöpfung ist die Erkenntnis, die Vervollkommnung des Geistes, cf. conj. II, 16, 17. Das Geistige soll aus seiner im Sinnlichen schlummernden Potenz geweckt werden und sich vervollkommnen.[1]

Soweit die Aussagen der doct. ign. und conj. Der Explikationsbegriff findet hier sehr reichliche Verwertung. Er beherrscht, wie wir sehen, die Region der Erkenntnisstufen unter einander, das Verhältnis der einzelnen Stufen zu ihren Produkten, der Produkte zu ihren weiteren Entfaltungen und so fort. In wie-

---

[1] Die Verwandtschaft mit dem plotinischen Gedankenkreise tritt hier deutlich hervor.

fern freilich die Verwendung auf diesen verschiedenen Gebieten eine verschiedenartige Bedeutung des Begriffes involviert, wird sich bald zeigen. Den in conj. und ign. aufblitzenden Gedanken von dem Reichtum des mikrokosmischen Individuums führt die Schrift *de quær. deum* weiter aus: der Geist, heisst es gegen Ende, hat die Natur des Feuers an sich. Seine Bestimmung ist, zu brennen und zur Flamme anzuwachsen. Er wächst aber, wenn er durch Staunen angeregt wird. Denn er hat die unmerkliche Kraft des Senfkorns in sich, das die Potenz zum Baume und durch dessen Samen zu unendlich vielen Bäumen in sich trägt. Wer staunte nicht über solchen Reichtum? Daher kann der Geist bis ins Unendliche wachsen und zu immer reicherem Lebensinhalte fortschreiten. Doch genug! Das beunruhigt den Dogmatiker. Denn wo bleibt bei solcher Lehrweise der Wert des Glaubens? Allerdings hat die vorhergehende Partie der Schrift aus dem Verhältnis von Licht und Farbe bereits die Notwendigkeit des Glaubens zur Erkenntnis des Absoluten dargethan, doch ist in jenem kühnen, freudigen Anlaufe am Schlusse nichts mehr von diesem beengenden Vehikel zu spüren. Darum bringt sogleich die folgende Schrift „de dat patr," Kap. I und V, die gleiche Beschränkung: zwar umfasst der Geist potentiell Alles, doch bedarf er, um zum wirklichen Erkennen vorzudringen, des Glaubenslichtes. Unsere geistige Kraft, heisst es, trägt unsägliche Schätze von Licht in sich, die wir, so lange sie nur potentiell da sind, nicht kennen, bis sie uns durch ein aktiv einwirkendes göttliches Licht eröffnet und die Art und Weise, sie hervorzulocken, uns gezeigt wird. Von der gleichen Anschauung ist die Schrift „de fil." durchtränkt: das ewige Wort hat das rationelle Moment in uns gelegt; lassen wir dieses durch Aufnahme des göttlichen Lichtes sich zur aktuellen Vernünftigkeit entfalten, so ensteht in dem Gläubigen die Möglichkeit der Sohnschaft Gottes (= Gipfel des Erkennens). Wer nun nicht glaubt, erhebt sich nicht zu dieser Höhe, sondern verlegt sich dazu selbst den Weg. Denn nichts ist ohne den Glauben erreichbar; erst durch seinen Einfluss wächst unsere vernünftige Natur zur vollkommenen Reife des Mannes heran.

So wird die Entwicklung der menschlichen Erkenntnis erst durch die Intervenienz des Glaubens möglich, ja dieser scheint

das erkennende Subjekt selbst zu sein, und nicht der Geist. Er
ist daher der Anfang der Erkenntnis. So lehrt bereits auch ign.
III, 11 (dieses wichtige Kap. führen wir am besten hier erst ein).
Wer eine Wissenschaft erforschen will, muss von einigen letzten
Axiomen ausgehen, um aus ihnen das gesuchte Wissen zu entfalten; diese erfasst aber allein der Glaube. Glaube und Wissenschaft verhalten sich zu einander wie complicatio und explicatio;
jener enthält, wie der Keim die Blüte, komplikative das, was
diese explikative: „fides est in se complicans . . . explicatio."
Das Wissen erhält daher durch den Glauben seine Richtung
(dirigitur), der Glaube durch das Wissen seine Entfaltung (ex-
tenditur). Wo daher kein gesunder Glaube, da kein gesundes
Wissen.

Damit aber scheint der menschliche Geist auf einmal aller
Selbständigkeit beraubt. Er, der sonst gepriesen wird als ein
weltumspannender, gleich Gott ebenfalls bildender Schöpfer der
Welt, der wird jetzt zum Diener des Glaubens degradiert, er hat
weiter nichts zu thun, als das im acceptierten Glauben Enthaltene
auseinander zu legen, zu verdeutlichen und dann wieder zur
Einheit des Schauens zusammen zu schliessen, damit sich ihm
die reine Wahrheit entschleiere. Darin stimmt uns auch Stöckl
(pag. 36) bei, wenn er sagt: „Die Tragweite des Glaubens wird
hier weiter ausgedehnt als Recht ist." Um nun aber ein richtiges
Urteil von dem hier vorliegenden Entwicklungsbegriff zu erhalten,
fragt es sich, wie sich Nikolaus einen solchen komplikativen
Glauben, neben dem die selbständige Erkenntnisthätigkeit des
Geistes keinen Platz mehr findet, wohl denke? Ist nämlich der
Geist ohne den Glauben erkenntnisunfähig und erst im Besitze
dieses ein wirklich thätigkeitskräftiger, so ist der Glaube allerdings, wie Stöckl sagt, nur „eine Ergänzung der intellektuellen
Natur des Menschen," wobei sein Charakter als übernatürliches
Glaubenslicht verloren geht. Diesen Gedanken spricht nun Nikolaus später (poss. fol. 178 b) auch aus: „lumen fidei naturae
debitum." Dann aber ist der Glaube allerdings nur eine vorläufige
Disposition der Vernunft zur Erkenntnis der Wahrheit (Stöckl
pag. 36), und tritt hinsichtlich seiner komplikativen Fülle mit
den Universalien des Verstandes in eine Reihe: hier wie dort
findet dann die Entwicklung aus der Tiefe in die Höhe statt.
Denn auch der Glaube kann in dieser Fassung die visio intellec-

tualis nur zum *Ziel* seiner Thätigkeit haben. Mag auch Nikolaus selbst hierüber anders denken, mag er auch in der komplikativen Glaubensfülle einen Zustand der Vollkommenheit sehen, so liegt doch unstreitig unsere Auffassungsweise in der Konsequenz seiner Aussagen. Das gilt auch gegen die Ansicht Falckenbergs, der in dem cusanischen Glauben keine „die Frucht zeitigende Blüte oder an der visio sterbende Mutter," sondern den unaufhörlich sprudelnden Quell der Erkenntnis sieht.

Wir kommen zu dem *Idioten,* von dessen 4 Büchern nur das *dritte* für uns in Betracht kommt. Dem Zweck der Schrift entsprechend, bildet ihr erkenntnistheoretischer Inhalt teils die Rekonstruktion, teils die Ergänzung des in den Konjekturen Gelehrten: So fügt Id. III, 2 zu der aus Conj. uns bekannten Thätigkeit der Begriffsbildung des Geistes als ergänzendes Fundament derselben den Ideenbesitz hinzu. Allerdings sind die Namen, die der Geist aus der Uebereinstimmung, resp. Verschiedenheit der Dinge bildet, blosse Gedankendinge, z. B. die Namen der Gattungen und Arten. Es ist daher nichts in dem Verstande, was nicht vorher in den Sinnen war. Aber die Dinge haben noch ein anderes Sein, als das rein begriffliche oder gedachte (fol. 82 b), nämlich das urbildliche, das vorher weder in den Sinnen noch im Verstande war, sondern, wie die Wahrheit dem Bilde, so den Dingen vorangeht und in ihnen wiederleuchtet, im übrigen aber von ihrer konkreten Existenzweise nicht berührt wird. Es giebt daher universalia post und ante res. Die letzteren allein sind die wahren Wesensformen der Dinge, die reinen Entelechien, die im Geiste bereits existieren, bevor er sich ihrer nur bewusst wird (Leibniz) und in Nachahmung derselben die Abbilder der Dinge schafft. So hat z. B. der Löffel (fol. 82 a) sein Urbild (idea) nur in meinem Geiste, und ist hier unabhängig vom empirischen Löffel, denn es gehört nicht zum Wesen des Urbildes, Löffel zu sein. Zerlegt man diesen daher in seine Teile, so hört wohl *er* auf zu sein, nicht aber das Urbild (forma specularis fol. 85), ebenso wenig wie die Wahrheit durch Zerstörung ihres Bildes, oder die Menschheitsidee durch Vernichtung der konkreten Individuen aufhört zu sein. Fol. 82 b.

Es ist also eine dreifache Seinsweise der Dinge im Geiste zu unterscheiden: das urbildliche, das konkrete, das begriffliche oder abbildliche Sein. Als Inbegriff der letzteren ist der Geist das Mass der Dinge (terminus et mensura): fol. 81 b i „mens est quæ omnia terminat," „arbitror, vim illam, quæ in nobis est, omnia rerum exemplaria notionaliter complicantem, quam mentem appello."

Nicht immer ist für Nikelaus beides, urbildliches und ab-bildliches Sein, im Geiste bei einander; in der Regel wird nur das zweite in ihn verlegt, cf. conj., id. fol. 83 a/b etc. Fol. 83 a/b heisst es (si mentem divinam . . . bis Ende des Kap.): nennt man den göttlichen Geist die universitas der Wahrheit der Dinge, so ist der menschliche die universitas der assimilatio derselben; der Inbegriff des göttlichen Geistes ist die Produktion der Dinge, der des unsrigen die Begriffsbildung (notio rerum fol. 86 b), d. h. in Gott sind die Dinge als absolute Entitäten, in unserm Geiste als deren Aehnlichkeiten. Enthält sie also der göttliche Geist in propria et præcisa veritate, so enthält sie der unsrige nur in imagine et in similitudine propriæ veritatis, d. h. begrifflich, und fol. 81 a heisst der Geist geradezu die vis assimilativa (cf. ber. Kap. 15): „In visu se assimilat visibilibus, in auditu audibilibus, in gustu gustabilibus . . ." Auf diese Weise erreicht der Geist das Sein der Dinge natürlich nur in possibilitate essendi seu materia, und die so gewonnenen notiones sind nur conj. incertæ, weil sie nur „secundum imagines rerum, non veritatis" gebildet sind, fol. 87 a. Bisher ist der Geist gegenüber den Dingen, die er begrifflich in sich nachkonstruiert, durchaus das abgeschwächte, minder wahre Sein; doch gleich darauf heisst es: Nur gegenüber dem göttlichen Urbild ist der Geist Abbild (und zwar prima imago, viva descriptio dei fol. 84b), aber von allen andern ihm nachstehenden Abbildern Gottes ist er das Urbild. Diese parti-zipieren nur insofern an der göttlichen Wahrheit, als sie am menschlichen Geiste partizipieren; also ist das Sein der Dinge plötzlich auf wahrere Weise im Geiste, fol. 83 b. Aber selbst das begriffliche Sein scheint in diesem Zusammenhang wahrer als das konkrete zu sein, denn fol. 89 a heisst es: der mensch-liche Geist umfasst mit seiner Spannkraft (vis) die aller übrigen Komplikationen und ihr Sein in durchaus notwendig wahrerer Weise; denn das abstrakte, von der variierenden Konkretheit der Dinge gewissermassen als Quintessenz abgezogene Sein ist allein das wahrere („quia, quæ vere sunt, abstracta sunt . . . non sunt materialiter, sed mentaliter!!). Dass aber eine solche doppelte Schätzung der Wirklichkeit, wie sie uns die eben vorgeführte Ideenlehre zeigt, für die Bedeutung des Explikationsbegriffes nachhaltige Konsequenzen hinterlassen muss, leuchtet ein (s. Teil 2 das nähere).

Das Fundament aller geistigen Thätigkeit aber liegt noch tief unter den Begriffen und Ideen. Denn wären diese das erste, so wären sie angeboren. Nun ist allerdings unser Geist, da er nur zu seiner Förderung mit dem Körper verbunden ist, unzweifelhaft mit allem dem ausgestattet, was einen Mangel an Vollkommenheit ausschliessen würde; doch angeborene Begriffe und Ideen sind undenkbar; vielmehr gleicht die Seele zunächst dem gesunden Gesichtssinn, der in der Dunkelheit des Lichtes entbehrt. Aber auch Plato [1]) irrte, wenn er die der Seele angeborenen Begriffe durch die Vereinigung mit dem Körper wieder verloren gegangen sein liess. Denn die Seele bedarf ja des Körpers zu ihrer Vervollkommnung. Ebenso ist der Satz des Aristoteles von der tabula rasa falsch, da der Geist ohne jeglichen apriorischen Besitz sich ebensowenig entwickeln könnte, als der Taubgeborene ein Zitherspieler werden kann. Die Wahrheit liegt nach Nikolaus in der Mitte: der Geist besitzt eine angeborene Urteilskraft (vis judiciaria), vermöge deren er Beweise billigt oder verwirft etc., und das alles zu seiner Vervollkommnung. Diese Kraft ist das Fundament aller Erkenntnis, sie ist die „forma substantialis sive vis in se omnia suo modo complicans," fol. 84, oder: „quoddam divinum semen sua vi complicans omnium rerum exemplaria notionaliter," fol. 84 b. Diese vis seminalis senkte Gott in geeigneten fruchtbaren Boden (Körper), damit sie hier durch begriffliche Entfaltung der Ding Früchte trüge („simul in convenienti terra notionaliter explicare . . . in actum prorumpendi")

---

[1]) Cf. Plato's Ideenlehre in den Schriften Phäd, Phädr, Menon. Nach Plato ist alles Erkennen nur ein sich Wiedererinnern der Seele an die Ideen, die sie in ihrer Präexistenz deutlich besass, aber durch Verbindung mit dem Körper verlor. Sie kann aber durch Nachdenken unabhängig von der Erfahrung alle Vernunfterkenntnisse gewinnen, da sie ja bereits dunkel in ihr liegen. In dem Gespräch Menon, in welchem Sokrates einen Sklaven ohne vorangegangene Belehrung fern liegende Wahrheiten durch blosses Fragen finden lässt, zum Beispiel dass das über der Diagonale konstruierte Quadrat doppelt so 'gross als das ursprüngliche sei, giebt Plato die Probe.

und sich dadurch zur Aktualität ausgestalte. ¹) Der Begriff der
Entwicklung, das ist das für uns wichtige, aus dem Gesagten
hervorgehende Resultat, bedeutet hier deutlich ein Aufsteigen
aus dem unvollkommenen zum vollkommenen Zustand, aus der
bloss keimartig vorhandenen potentiellen Urteilskraft zum aktuellen Wissen.

Im übrigen bringt die fesselnde, interessante Darstellung
des Idioten nur Reminiscenzen und Anklänge aus den früheren
Schriften. Auch ist in ihnen keine Fortbildung des früheren
Standpunktes bemerkbar.

Auch die in den folgenden Schriften niedergelegten erkenntnis-
theoretischen Erwägungen sind nur Seitentriebe zu dem in conj.
und Id. III wurzelnden Grundstocke. „De ber.", Kap. 32, 33,
verbreitet sich nochmals ausführlich über die Universalien und
kommt nach Verwerfung der platonischen Ideenlehre zu dem
Resultat, dass alle Erzeugnisse des Verstandes nur Aehnlichkeiten
der realen Welt sind, dass allerdings die *Begriffe* in unserm Verstande wahrer sind als ausser ihm, nicht aber die *Dinge* selbst.
Das Bild, der Begriff des Hauses, ist im Geiste des Baumeisters
wahrer und reiner als in dem aus Holz und Stein erbauten, nicht
aber das konkrete Haus selbst. Das hat Plato verkannt. Der
menschliche Geist ist also der Schöpfer der Begriffe, mittelst
deren er in *seiner* Weise eine Erkenntnis der Dinge zu gewinnen
sucht. Den gleichen Gedanken finden wir ven. 29, fol. 213: Unser
Geist, ein Abbild des göttlichen Geistes, fasst alles notionaliter,
nicht realiter in sich; er findet daher nicht das Wesen, sondern
nur die Bilder der Dinge in sich, er ist ein locus specierum.
Denn die wahre Wesenheit der Dinge liegt vor den Begriffen,
welche erst nach den Dingen kommen. Das *Globusspiel* endlich
giebt eine interessante Beleuchtung des Geistes nach seinem
mikrokosmischen Wesen, seiner vierfachen Erkenntnisweise der
progressiven Zahlenentfaltung als Prinzip aller Erkenntnis etc.,
lauter Gedanken, die uns in gleicher Verwendung bereits be-

¹) Indem Nikolaus somit eine bloss urteilende Grundkraft des Geistes
als angeborenes Moment statuiert, urteilt er nach unserm Dafürhalten
besonnener als Leibniz (nouv. essais, lib. 1, 2), dessen Satz für die angeborenen Ideen doch wohl nur teilweise, das heisst nur für die theoretischen, erweisbar ist.

kannt sind, und nur hier und da etwas ausführlicher verfolgt werden. So bringt z. B. fol. 164 b zu der Lehre von der Begriffsbildung und der angeborenen Urteilskraft die notwendige Konsequenz, dass der Geist alle Wissenschaften, ja das ganze Gedankenreich, virtualiter in sich enthalte. Er ist der Erfinder der Arithmetik, Geometrie, Musik u. s. w. Der Satz wird dadurch nicht gefährdet, dass wir manches nur unbewusst besitzen und erst durch Konzentration der Aufmerksamkeit Kunde davon erhalten; denn wenn ich auch Kenntnis von Musik habe, somerke ich doch, so lange ich Geometrie treibe, nicht, dass ich Musiker bin. Vielmehr muss die zwar latent, aber dennoch real besessene, Erkenntniskraft erst zu deutlichem Erkenntnisbesitze erhoben und entwickelt werden (cf. Leibniz).

Der Reichtum des menschlichen Geistes ist unermesslich, er unterscheidet durch diese seine Kraft alle Werte. Er selbst ist die Komplikation aller Werte. Sie liegen sämtlich ideal in ihnen, sowie in der grösstbesten Münze die Werte aller andern (Schluss lib. 2). So tönt das Gespräch gleich dem über das Gottsuchen in dem Lobpreis der menschlichen Geisteskraft aus.

Das „compendium" endlich fasst noch einmal den Grundgedanken der Erkenntnislehre dahin zusammen: Der Verstand ist artifex et causa omnium, ist aber in seiner Thätigkeit der Begriffsbildung an die sensible Welt gebunden. Gleich einem Kosmographen gehen ihm durch 5 Thore die Botschaften aus der ganzen Welt zu. Dagegen die Vernunft schöpft ihre Erkenntnisse aus sich selbst ohne Abstraktion; sie ist nur bestrebt, die potentiell in ihr schlummernden Ideen (Prinzipien) zu aktuellen Erkenntnissen zu erheben (Kap. 11). Ausserdem bringt Kap. 6 die Ergänzung, dass die sittlichen Begriffe dem Menschen angeboren sind (cf. id.?!!): „habet cognatas species insensibiles virtutis, justi et æqui, ut noscat, quid justum, rectum . . . et illorum contraria" (Leibniz!). Und so liegen ausser den theoretischen (lud. glob.) auch die moralischen Erkenntnisse bereits potentiell im Menschen und bedürfen nur der explicatio, um sich zu aktuellem, vollkommenem Besitztume zu erheben. Der Begriff der explicatio behält auch hier, wie wir sehen, den Sinn der Bewegung von der Tiefe zur Höhe, aus dem Zustand der Unvollkommenheit zu dem der Vollkommenheit.

II. Kritisch-systematischer Teil.

Der vorstehende Teil der Untersuchnng konnte zwar keineswegs den ganzen Umfang des Entwicklungsbegriffs bei Nikolaus in erschöpfender Weise darstellen. Eine passende Auswahl der geeignetsten Stellen allein war beabsichtigt. Aber auch sie genügen, um zu zeigen, dass der *Begriff der explicatio* eine nicht minder *reichliche* als *verschiedenartig gefärbte Verwendung* erfährt.

Gott und Welt, Können (dreifach) und Welt, Welt und Einzeldinge, Gott und Geist, Geist und Körper, Geist und Erkenntnismittel, Erkenntnismittel und Wissenschaft, Glaube und Erkenntnis, alle diese Contrapositionen bedeuten ein *Verhältnis von complicatio und explicatio,* das aber *nicht durchweg eindeutig gedacht* ist. Die *Entfaltung der Welt aus Gott* bedeutet, wie wir sahen, durchweg einen Akt der Abschwächung. *Aus der Höhe geht es zur Tiefe.* Der gleiche Begriff beherrscht den Stufenbau der Welt. Zwar existieren die Gattungen vorerst in den Arten und durch diese erst in den Dingen real, doch ist die Gattung vollkommener als die Art, und die Art vollkommener als das Einzelding (cf. die übrigen Stufen). Dagegen geniesst die Welt als *Entfaltung aus dem Können* (in jeder seiner Schattierungen) unbedingt eine Bereicherung an Wirklichkeit: Aus der Potenz steigt sie zur Aktualität, aus der *Tiefe zur Höhe* empor.

Wieder anders ist es in der *Erkenntnislehre:* der erkennende Geist erfährt als ein aus dem göttlichen entfaltetes Produkt eine *Abschwächung,* die er nun in gleicher Weise auch auf seine eigenen Produkte überträgt. Denn geringer als der unendliche ist der endliche Geist, geringer als dieser die Prinzipien, die Monas, der Punkt etc.; doch indem er, angefacht durch den Körper, aus den Prinzipien den Punkt u. s. w. . . . . die Wissenschaften deduziert, erfährt er eine ungeheure *Vervollkommnung* und Bereicherung seiner selbst; in senfkornartigem Wachsen (quær. deum) wird er der Herrscher der Welt durch Erkenntnis, die alles Dunkle erleuchtende Flamme. Somit schliesst die *explicatio in der Erkenntnislehre beide Bewegungen* in sich, die zur Tiefe wie zur Höhe. An der gleichen *Doppelbewegung* aber nehmen auch die *Erkenntnisprodukte* ihrerseits teil: Sind die Prinzipien, der Punkt, die Monas u. s. w. abgeschwächte Entwicklungsprodukte, so beginnt von diesen einer weiteren Entfaltung und Verringerung unfähigen Elementen aus auf einmal eine hoffnungsfreudige Bewegung zur Höhe; aus der Zahl wächst die Mathematik, aus dem Punkt die geometrische Raumwelt, aus den Prinzipien der fruchtbare Baum der Erkenntnis hervor, durch dessen Früchte wiederum eine Doppelbewegung ins Leben gerufen wird. Somit sehen wir den Begriff der cusanischen explicatio durch zwei entgegengesetzte Grundanschauungen beherrscht: Sie bedeutet teils eine Abschwächung, teils eine Vervollkommnung; beides ist in ihr zusammengedacht.

Nun aber fragt es sich, ob die hervorgekehrten Kontroversen ganz unbewusst *neben* einander, oder mit Bewusstsein *nach* einander bestehen, ob sie wirkliche, gleichzeitig bestehende Widersprüche, oder nicht vielmehr sich gegenseitig ablösende Entwicklungsphasen Eines Prozesses sein, den der Begriff innerhalb des Systems durchläuft?

Innerhalb der Region der Gotteslehre liesse sich wohl auf Grund der Erörterungen (Teil I, Abschn. 1) eine solche *Entwicklung des Begriffsinhaltes* annehmen und man könnte sagen: neben der in den frühesten Schriften noch durchgängig als Abschwächung gedachten Entfaltung der Welt läuft in der mittleren, mystischen Schriftengruppe teilweise der modern gedachte Begriff der Vervollkommnung einher, um schliesslich jenen in den Hintergrund zu drängen und in den letzten Schriften seinerseits das Feld zu occupieren. Denn in welcher Nüancierung auch immer das Können als Prinzip der Weltentfaltung gedacht ist, überall glauben wir die Bewegung von der Potenz zur Wirklichkeit als die eigentliche, letzte Grundanschauung des Philosophen mit Recht hingestellt zu haben. In der Erkenntnislehre freilich ist, wie oben erwähnt, eine solche Konstruktion schon nicht nachweisbar, denn hier gehen wirklich überall beide Begriffsbestimmungen in einander über und laufen friedlich neben einander her. Für beide hat der Philosoph zu gleicher Zeit den gleichen Ausdruck, oder anders gesagt: Er unterscheidet nicht zwischen ursprünglichen und abgeleiteten Explikationen der Seele; ebensowenig ist es für die Wahl des Ausdruckes von

Belang, wenn die Seele durch Entfaltung ihrer Produkte gleichzeitig einen Zuwachs an Wirklichkeit erfährt. Im Hinblick auf das Gesamtsystem aber könnte man auf Grund jener Erwägungen im grossen und ganzen also entscheiden: Der werdende Philosoph gebraucht den Ausdruck explicatio ganz im Sinne des Mittelalters, d. h. für die Bewegung von der Höhe zur Tiefe. (Gott verhält sich zur Welt wie complicatio zu explicatio, wie Wirklichkeit zu Möglichkeit.) Doch bereits im Gebiete der Erkenntnislehre (conjectur.) bricht sich der modern gedachte Begriff Bahn. Der zwiespältige Begriffsinhalt beherrscht sodann die ganze mittlere Schriftengruppe, bis im Idiot die neue Anschauung die alte langsam zurückdrängt und schliesslich in den letzten Schriften auch auf das Problem der Weltentstehung Anwendung findet (cf. besonders fol. 157 b: mundus de modo, quæ *possibilitas* seu possefieri aut materia dicitur, ad modum, qui *actu* esse dicitur, *transivit)*: posse und Welt verhalten sich wie complicatio und explicatio, wie Möglichkeit und Wirklichkeit. Näheres wagen wir über die *allmählich gewordene Umgestaltung des Explikationsbegriffes innerhalb des Systems* nicht auszusagen, denn das vielfache Schwanken bis zu den letzten Schriften hin hindert uns an der Erkenntnis einzelner bestimmter Entwicklungsphasen.

Aber gerade dieses *Schwanken* hinüber und herüber bedarf einer Erklärung. Sind einmal Widersprüche vorhanden, so gilt es auch, sie bis zu ihren letzten Wurzeln zu verfolgen und die *Gründe hiefür* aufzudecken: Ueberall, wo Bewegung stattfindet, ist ein Doppeltes zu unterscheiden, das Wie und Wohin, der Vorgang und das Ziel. Nikolaus schenkt nur dem ersten Moment, dem Wie, sein Interesse. Der *Vorgang der explicatio* alles Seins aus dem Absoluten ist ja, wie wir sahen, der eine Angelpunkt seines Systems. Und auch die Erkenntnislehre will nichts anderes, als den Weg begreifen, auf dem der endliche Geist den unendlichen fassen mag. Dabei aber verliert der Philosoph das *Ziel* der explicatio, d. h. das daraus hervorgehende Produkt, zu sehr aus den Augen. Ob dieses eine Förderung oder Abschwächung an Wirklichkeit, oder keines von beiden erfahre, wird als selbstverständliche Folge nicht weiter erwogen. Dass z. B. die Welt geringer ist als Gott, dagegen wirklicher als das „Können", wird daher von Nikolaus nicht als Widerspruch empfunden, eben weil ihn nur der *Vorgang* der explicatio interessiert.

Was der modernen, im Zeichen der Entwicklung stehenden Wissenschaft als die Hauptsache gilt, nämlich die Frage nach dem schliesslichen Produkte des allmählichen Werdens, das ist hier nur Nebenerscheinung. Daher hat es für Nikolaus nichts Befremdendes, zwei entgegengesetzte Entwicklungsreihen unter einen Begriff zu subsumieren. Dies der eine Grund für die Doppelseitigkeit des Begriffes. Ein weiterer wichtigerer Grund indes ist der bereits von Falckenberg mit gutem Recht angeführte: *die doppelte Schätzung des Wirklichen.* Wie jeder grosse Denker in seinen Ideengängen durch tiefere metaphysische Grundvoraussetzungen ganz unbewusst beeinflusst wird, die er unbewiesen hinnimmt (cf. Kant: Es giebt Erfahrung!), so basiert auch das Denken des Nikolaus auf solchen Fundamenten, nämlich auf verschiedenen, ja entgegengesetzten Massstäben für die Wertschätzung der Wirklichkeit; Nikolaus wägt sie bald nach dem Massstab der Vollkommenheit oder Konkretheit, bald nach dem der Feinheit oder Abstraktheit. So ergeben sich aber die zwei einander ausschliessenden Behauptungen: 1. Je konkreter und empirisch vollkommener, desto wirklicher. 2. Je abstrakter und feiner, desto wirklicher, — zwei Sätze, die einander widersprechen und, unter den Gesichtspunkt der explicatio gestellt, diesem Begriffe einen zwiespältig gedachten Inhalt zuführen müssen. Vom empirischen Standpunkte aus musste unbedingt der erste Satz gelten, cf. fol. 140 b und andere. Die Harmonie, die Schönheit und Vollkommenheit des Universums wie der einzelnen Dinge war zu gross, als dass Nikolaus darin eine verminderte Wirklichkeit hätte erblicken können; cf. ber. Kap. 32 fol. 140 b: Plato *non* videtur *bene* considerasse, quando mathematicalia, quæ a sensibilibus *abstracta . . .* vidit *veriora* in mente . . . *varius* sunt *in sensibilibus quam in nostro intellectu. . .* Dagegen dem Metaphysiker kann nur das Abstrakte die wahre Wirklichkeit bedeuten, cf. bes. id. III 9, fol. 139 a: „. . . quæ *vere* sunt, *abstracta* sunt a stabilitate materiæ et *non* sunt *materialiter,* sed *mentaliter,* de quo superflue dictum existimo." Dieser metaphysische Gegensatz schafft aber Verwirrung und muss solche schaffen, sobald es sich um das Verhältnis des Konkreten und Gedachten, des Seins und Denkens, der Materie und des Geistes handelt (Materialismus oder Idealismus?). Ist das konkrete das wahrhaftere Sein, dann besteht das geistige

Sein der Dinge nur in einer gewissen verringerten Abbildlichkeit und Begrifflichkeit; der ganze geistige Ueberbau der Menschheit ist nur die Blüte der Materie. Ist dagegen das abstrakte, das geistige Sein der Dinge das wahrhaftere, dann treten an die Stelle der Abbilder die Urbilder; der Geist bildet und formt als freier Herr die Materie nach seinem Willen. Das Schwanken in der Bestimmung des Wirklichen tritt uns auch da recht deutlich entgegen, wo bald die Vollkommenheit, bald die Feinheit den Massstab bildet, cf. conj. II 17: „habet igitur haec intellectualis cognitio (divinum) in *perfectione* actuali ad alias ut corpus ad superficiem, lineam et punctum, sed in *subtilitate* ut punctum ad lineam . . . punctualiter quidem atque subtiliter et perfecte simul amplectitur verum. Rationalis vero cognitio contractior atque perfectior ut superficies, subtilis ut linea. Imaginativa vero cognitio contracta magis perfecta ut linea, grossa ut superficies. Sensitiva . . . grossissima ut corpus." Wir sehen hier, dass der Auctor teils das Vollkommene, teils das Feine, als wirklich ansieht. Von diesem Standpunkt aus ist z. B. die sinnliche Erkenntnis hinsichtlich der Vollkommenheit wirklicher als die rationale, der Körper wirklicher als der Punkt, hinsichtlich der Feinheit dagegen tritt umgekehrte Wertung ein. Recht deutlich tritt uns die doppelte Wertung an dem Beispiel des Punktes und der Linie entgegen: der Punkt erscheint auf Grund jener Masstäbe bald als treibhausartige, zusammengezogene, jugendliche Kraftfülle, die die einengenden Fesseln sprengen möchte, um sich zur Linie auszuleben, bald als verkrüppelter, zurückgebliebener Ansatz zur Wirklichkeit; und der Körper gleicht bald der freien, ungehemmten, wahren, bald der breitgeschlagenen, verwässerten Wirklichkeit. Dort jugendliches Sichregen, hier ausgelebtes Sein, dort Frühling, hier Herbst. Dies der zweite Grund dafür, dass sich für Nikolaus mit dem Begriff der Entwicklung bald die Vorstellung der Verringerung, bald die der Förderung verbindet, dass bald die Komplikation, bald die Explikation den Rang erhöhter Wirklichkeit einnimmt.

So sehen wir ein stetes, tiefer begründetes Schwanken, das sich aber schliesslich, wie oben nachgewiesen wurde, zu Gunsten des modern gedachten Begriffes zu verlieren scheint. Nun ist allerdings der heutige Denker gern geneigt, die Vergangenheit in modernerem Lichte zu schauen, als Recht ist.

Leicht auch könnte man den *cusanischen Entwicklungsbegriff* in seiner fortgebildeten Bedeutung *dem modernen zu nahe* rücken, oder etwa gar beide identifizieren, während *das gegenseitige Verhältnis* nur das von anbrechender Dämmerung und hellem Tageslicht ist: die cusanische explicatio in beiderlei Bedeutung besagt nur ein blosses Sichauseinanderlegen gegebener Formen. Diese stehen schon vor dem Entfaltungsprozesse (in Gott, Werdenkönnen, Geist) fest und entfalten sich im Laufe der Geschichte in geordneter, vorherbestimmter Reihenfolge; der Weltprozess gleicht der Entfaltung des Baumes aus seinem Samen, cf. ven. III: „cum in tempore intueor omnia in successione explicari." Wie im Platonismus geht das Sein der Dinge ihrem Werden voraus. In einem solchen Weltprozesse aber ist alles Werden und Entwickeln nichts anderes, als ein immer erneutes Ergreifen des Stoffes durch die Form, die jenen, so oft er in formloses Chaos zurücksinken und ihr entweichen will, doch schliesslich zu bewältigen strebt.

Die Veränderung beschränkt sich dabei nur auf die Individuen, der Weltkern bleibt ungeändert und unberührt von dem Fluss der Dinge und im letzten Grunde doch transcendent. Dadurch ist zugleich eine uns ganz fremdartig erscheinende Weltstimmung gesetzt: sie bedeutet den Zug des Lebens nicht in die Welt hinein, sondern aus ihr zurück (cf. Erkenntnislehre) zu der lauteren göttlichen Einheit und Wirklichkeit. Zwar scheint auf den ersten Blick die Welt etwas unendlich Wertvolles zu bedeuten, da ja ihr eigentlicher Kern das Absolute selber ist, doch nur vorübergehend darf dieser Satz im System des Nikolaus gelten; denn nicht für die Dauer senkt sich das Göttliche in die Materie herab, sondern durchleuchtet sucht es dieselbe der absoluten Einheit nahe zu bringen. Also geht doch im letzten Grunde das Streben des Weltprozesses aus der Welt zurück zu dem Absoluten. Je näher diesem, je mehr zieht in das Menschenherz Glück und Freude ein.

Ganz anders der naturwissenschaftlich moderne Begriff der Entwicklung. Ihm liegt nicht mit dem Platonismus das Sein vor dem Werden, sondern das Werden vor dem Sein. Die feste, unveränderlich wahre Wirklichkeit soll durch den Entwicklungsprozess erst gewonnen werden. Denn das Ziel aller Entwicklung ist eine durch den Kampf ums Dasein und die natürliche Zuchtwahl inaugurierte Bereicherung scil. Neubildung an Formen. Eine weltfreudige Stimmung liegt über dem Geschehen. Der Zug des Lebens führt hier in die volle Welt hinein. Nirgends ein fertiges Sein, das sich bloss zur Wirklichkeit auseinander legte (Nikolaus), sondern alles Seiende eine Zusammensetzung, ein Gewordenes, eine Bildung vom Unentwickelten zum Entwickelten. Die Fruchtbarkeit eines solchen Begriffes ist unbestreitbar. Nur der Entwicklungsgedanke in solcher kräftigen und energischen Fassung verbürgt uns die allmählich fortschreitende Erkenntnis des endlichen (scil. des physischen) Geschehens. Nur so kommt das Kleine, Unscheinbare zu seinem Rechte und zu seiner Bedeutung. Alles Sein ein gewordenes und Begreifen desselben vom Kleinen her, so lautet mit Recht die Ueberschrift über dem Portal der neueren Wissenschaft.

Freilich bleibt dabei die Frage offen, ob nicht auch der *moderne Entwicklungsbegriff* einer notwendigen *Ergänzung,* und zwar von innen her, *bedürftig* sei? Zu allem Veränderlichen gehört doch notwendig auch ein beharrendes Moment. Entwicklung setzt immer etwas voraus, *was* sich entwickelt, ein Sein, worin Inhalt und Gesetz der Entwicklung zum voraus enthalten ist; dieses apriorische Prinzip der Entwicklung aber muss von ihrem geschichtlichen Prozesse wohl unterschieden werden. So ist es doch mindestens auf ethischem Gebiete. Denn wir meinen, dass alle empirisch vorgefundene Sittlichkeit stets nur eine jeweilige, zeitliche Erscheinungsform eines absolut Sittlichen sei, das selbst nicht wieder Produkt einer Entwicklung, sondern apriorisches, normatives Gesetz derselben ist. Andernfalls fehlte ja auch das objektive und allgemein gültige Kriterium, d. h. der Massstab, für die Beurteilung des konkret Sittlichen. Der subjektive Faktor des persönlichen Werturteils genügt dazu wahrlich nicht, so lange wenigstens die Metaphysik zu bestehen noch das Recht hat. Aber auch das geistige Leben der Menschheit überhaupt wäre undenkbar ohne Beharrung im Fluss. Die Geschichte ist viel zu kompliziert, als dass sie, unter das eherne Gesetz der Entwicklung gebeugt, einem blossen „Aufrollen von bunten Bildern" (Eucken „Grundbeg. d. G."), einem zufälligen Verketten von Ernst und Witz gliche. Vielmehr muss hinter der bunten Fülle der Erscheinungen die bewegende Kraft als Prinzip der Entwicklung stehen, zu dem vorzudringen des Geschichtsforschers letzte Aufgabe ist: „Ein geistiges Selbst, das unsern eigenen Wesenskern bildet, muss hinter den besonderen, durch Lage und Umgebung bedingten Thätigkeiten stehen, er muss aus der Bewegung dieser Thätigkeiten einen bleibenden Kern herausziehen und dadurch bei sich selbst wachsen und so allererst die Höhe seines eigenen Wesens erreichen" (Eucken „Grundbeg. d. Geg.", 2. Aufl. 93). `„Die Methode, ohne Ideen und Geist den Dingen einen Sinn abzugewinnen, soll erst noch erfunden werden."

Dieses beharrliche, ursprüngliche Realleben hinter dem veränderlichen Sein übersieht nun oder leugnet der moderne Entwicklungsbegriff, mit anderen Worten: Das Was, die eigentliche Realsubstanz der zeitlichen Entwicklung geht ihm über aller Verwicklung verloren, selbst auf dem Gebiete des rein physischen Geschehens. Was entwickelt sich denn eigentlich? Was ist der sich entwickelnde, die Formen der äusserlich sichtbaren Erscheinungsphasen bedingende Kern der Dinge? Die Antwort fehlt bisher noch.

Dieses ursprünglich Beharrliche und aller Entwicklung immanente Moment in Gestalt des absoluten Seins selber, das die eigentlich treibende Kraft, das wahre Was der Dinge bildet (cf. bes. doct. ign.), betont nun in willkommener, freilich einseitiger Weise der cusanische Entwicklungsbegriff. Jenem geht das Was, diesem das Wohin der Entwicklung verloren. *Beide Begriffe* sind also *zu eng gefasst*, aber die *inhaltliche Vereinigung beider* zusammen *ergiebt den vollen*, das Gesamtgeschehen der Welt (physisches und sittliches) umfassenden und erklärenden *Entwicklungsbegriff*. Denn es gilt weder die einseitige Hervorhebung und Betonung des beharrlichen, ursprünglichen, auf Kosten der Erklärung des empirisch vorgefundenen Seins, wie Nikolaus thut, noch auch eine bloss einseitige Analyse des letzteren mit bewusster Ablehnung eines ursprünglichen, in der Erscheinungen Flucht beharrenden Reallebens, wie der moderne Naturforscher thut. Denn Entwicklung bedeutet im letzten Grunde die durch einen fortlaufenden Differenzierungsprozess hervorwachsende Bereicherung eines ursprünglich bereit liegenden realen Seins, d. h. Entwicklung ist überall nur da möglich, wo ein inneres treibendes, metaphysisches Agens die jeweiligen Entwicklungsphasen überragt.

Dass der Cusaner als Kind seiner Zeit die Hauptleistung der modernen Entwicklungslehre, die Thatsache, dass alles Sein erst allmählich geworden, erst im Laufe der Zeit in die heutige Gestalt, Lage etc. gebracht worden ist, noch nicht erkennt, erscheint vollkommen begreiflich. So viel aber steht fest, dass bereits in der zweiten Gestalt des Explikationsbegriffes der Ansatz zu dem naturwissenschaftlichen Interesse der Neuzeit liegt. Denn wer den allmählichen Uebergang der Welt von der Potenz zur Aktualität behauptet, der steht dem Gedanken nicht mehr allzufern, dass auch alles Einzelsein als Produkt eines allmählichen Werdens aus dem Kleinen zu fassen sei. Und das ist auch in der That historisch sehr wohl erweisbar. „Durch die spekulativ mystische Gedankenrichtung hindurch hat die Entwicklungsidee sich den Weg in das moderne Denken gebahnt" (Eucken).

Aber auch sonst weist die cusanische explicatio auf den *Geist der Neuzeit* hin: Sie zeigt uns den *Wert der Welt,* des *Individuums* und der *Geschichte* in ganz anderem Lichte als das Mittelalter.

Die *Welt* ist, mag ihre Entfaltung im Systeme gedacht sein wie sie will, auf alle Fälle vom göttlichen Sein durchtränkt und darum unendlich wertvoll. Dass allerdings die Welt, so wertvoll sie auch sei, nicht das letzte ist, sondern das Denken vielmehr auf ein Streben nach dem Absoluten verweist, wurde bereits nachgewiesen. Immerhin aber erscheint sie in ganz anderem Lichte als noch bei Thomas von Aquino, bei dem sie die untergeordnete Rolle eines niederen Seins spielt; sie ist ihm „die untere Welt," deren Berührung befleckt; für Nikolaus hingegen ist sie ein von göttlichem Leben durchfluteter Organismus, in dem alles singuläre Sein dem grossen ordo eingefügt ist zu vollkommener, dem göttlichen Wesen selbst nachgeahmter Harmonie.

Indem aber auch der *Mensch* diesem Organismus eingefügt ist, erscheint auch er in anderem Lichte. Sein Dasein darf, da es dem grossen Kausalnexus des Alls eingereiht ist, nicht mehr ausschliesslich im Dienste der Kirche stehen, sondern auf das Ganze der Wirklichkeit muss es gerichtet sein. Alles muss veredelt, vergeistigt, dem Absoluten näher gebracht werden. So nach der formalen Seite hin. Aber auch inhaltlich wächst durch den Explikationsbegriff die Wertschätzung des Individuums ungeheuer. Der einzelne, ein Mikrokosmus, findet in sich eine schlummernde Fülle von unbewusstem Erkenntnisbesitz, dessen fortlaufende Hebung die fortschreitende Bereicherung und Vervollkommnung des menschlichen Geistes und Lebens überhaupt bedeutet. Der Mensch ist demnach nicht von vornherein fertig! Ein so recht modern- klingender Gedanke. Giordano Bruno, Kepler und Descartes thun nach dieser Seite hin mehrfach des Kardinals Nikolaus Erwähnung. Die absolute Wahrheit liegt nicht positiv fertig da, so dass sie der einzelne sich nur anzueignen brauchte zu dauerndem Besitz (Mittelalter, cf. bes. Augustin!), sondern sie ist erst das, wenn auch nie ganz erreichbare, so doch logisch immer näher und genauer zu bestimmende Produkt menschlichen Ringens und Strebens.

Die freie wissenschaftliche Prüfung ist von Arroganz, wie von Skepticismus gleichmässig entfernt. Dass aber hinter der äussern Welt des Scheines die zeitlose wahre Welt des Seins liegen müsse und dass diese nur durch konsequent fortschreitende, ringende Geistesarbeit immer annäherner ermittelt werden könne, das ist mit Recht der Grundgedanke der heutigen Wissenschaft. Der Glaube an die stetige Approximation an die Wahrheit kann allein den Mut zur Forschung immer von neuem aufrecht erhalten und beleben. Auch ist es nur so allein möglich, in metaphysischen Fragen vom Bilde zur Sache, von der Hülle zur Wahrheit, von der Kruste zum Kerne hindurchzudringen, d. h. die religiöse Bildersprache (scil. für den wissenschaftlich Geschulten) zu vergeistigen und somit die Religion zur Weltanschauung zu erheben, wie dies Lipsius in seinem Buch „Religion und Philosophie" gethan.

Nicht ein blosses Aneignen also, sondern vielmehr die nach Wahrheit ringende Produktivität bildet den Mittelpunkt menschlicher Geistesthätigkeit. Diese freischaffende, prüfende Thätigkeit des Individuums aber, die zum eigentlichen Kerne des Lebensprozesses wird, bildet den schroffsten Gegensatz zu der mittelalterlichen Wissensvererbung. Das Wort Lessings bestätigt sich auch hier: „Nicht die Wahrheit, in deren Besitz ein Mensch ist oder zu sein glaubt, sondern die aufrichtige Mühe, die er angewandt hat, hinter die Wahrheit zu kommen, macht den Wert des Menschen aus. Denn nicht durch den Besitz, sondern durch die Nachforschung der Wahrheit erweitern sich die Kräfte; der Besitz macht ruhig. träge, stolz." Beide, Nikolaus wie Lessing, ziehen das Wahrheitssuchen dem Besitzen vor, und mit Recht, cf. ign. III 12.

Mit dieser Selbstentwicklung aber ist zugleich die Freiheit und Selbständigkeit des Individuums proklamiert, ein ebenfalls erst der Neuzeit angehörender Gedanke; das Altertum sieht im Einzelnen nur das Glied der Gesellschaft, den nützlichen Staatsbürger. Als solcher allein hat er Wert. Und im Mittelalter tritt an die Stelle des antiken Staates die Kirche; auch sie gewährt der persönlichen Bedeutung des Individuums keinen Raum und keine Berechtigung. Das freie, selbständige Sichregen desselben gehört erst der Neuzeit an. Sie erlaubt nicht nur, nein sie fordert von ihm sogar Selbständigkeit (Luther). Diesem durchbrechenden Individualismus aber brach somit auch Nikolaus kräftig Bahn.

Auch auf das *Gebiet der Erziehung* musste von hier aus ein unverkennbarer Einfluss ausgehen. Ist das individuelle Sein ein Entwickeln von Anlagen, ein Werden von kleinen, angeborenen Anfängen aus, und kann somit der Erzieher nichts in den Zögling hineintragen, sondern nur Vorhandenes wecken und grossziehen, so wird die erzieherische Aufgabe zur Aufforderung zur Selbstthätigkeit im Fichte'schen Sinne. Seelenleben gleich Selbstentfaltung, welch ungeheure Konsequenzen liegen hierin beschlossen! Die Monadologie und der transcendentale Idealismus liegen hier im Keime vor uns.

Analog der individuellen gewinnt durch die cusanische explicatio auch die *geschichtliche Gesamtentwicklung der Menschheit* überhaupt eine tiefere Bedeutung als im Mittelalter. Auch hier heisst die Parole: Vom Unentwickelten zum Entwickelten, vom Unbewussten zum Bewussten. Die Wertschätzung der Geschichte steigt dann aber ungemein, denn sie wird zum stetigen Vervollkommnungsprozesse des Erkennens und somit der Menschheit überhaupt. Der Schüler Plotins wird zum Vorläufer des Hegel'schen Intellectualismus (cf. conj. II 17, ld. III 13). Zwar findet auch in der untergeistigen Welt ein Aufsteigen von der Möglichkeit zur Wirklichkeit statt, doch fehlt in diesem Prozesse das geschichtlich Stete; das aber ist es gerade, was das Wesen der Geschichte der geistigen Welt ausmacht. Der geschichtliche Prozess gewinnt durch diese Stetigkeit eine immer grössere

Spannung und Bedeutung; eine weltfreudige Stimmung beherrscht das Geschehen. Nirgends ein zähes Sichanklammern an geschichtlich gewordene, zeitliche Formen; Stillstand ist Rückgang, Trägheit; das gilt besonders von der Religionsgeschichte. Wahrheitskerne enthält jede Religion, doch die absolute Wahrheit schliesst nur die christliche in sich; freilich ist auch hier kein Stillstand geboten; ein immer präziseres Erkennen des Absoluten bleibt das nie ganz erreichbare Ziel jeglichen Strebens: ein unbedingt wahrer Satz.

Von dem Verhältnis der philosophisch quantitativen zu der theologisch dogmatischen Geschichtsauffassung war schon oben die Rede (I, 3); dass aber der Philosoph im Grunde genommen der ersten Auffassung huldigt, glauben wir unbedingt bejahen zu müssen. Soviel über die befruchtende Bedeutung des Explikationsbegriffes im Rahmen der Geschichtsauffassung.

Sogar das gewaltige *ontologische Problem* scheint durch die cusanische explicatio einer befriedigenden Lösung nahe gebracht zu werden. Denn wenn ein rechtverstandener idealistischer Monismus das letzte Postulat alles Nachdenkens zu sein scheint, so hat Nikolaus auch dazu den richtigen Ansatz versucht. Absolute Vernunft uund Materie ursprünglich eine Einheit bildend, aber die Vernunft die Grundpotenz derselben, auf die alles Streben des Materiellen gerichtet ist, das ist der eigentliche Kerngedanke seiner Philosophie überhaupt. Aber darin irrte er wohl, dass er, Plotin folgend, das Werdekönnen als Untergrund der Welt aus Gott herausstellte, anstatt es als immanente Potenz Gottes selbst zu betrachten, aus dem das Endliche hervorgeht, um sich dann wieder, im Erkenntnisakte durchleuchtet, mit ihm zusammenzuschliessen. Denn es giebt, meinen wir, keinen andern Untergrund der Materie, als das Absolute selbst; ist lieses allmächtig, so muss es auch die Potenz zur Materie in sich tragen; dann aber ist die Welt in der That wirklich nur eine Selbstdarstellung des hinter der sichtbaren Materie wirkenden und bewussten Weltgeistes. So wie das Leben des Saftes den materiellen Baum aus sich heraussetzt, so ist das Materielle nichts als das in Erscheinungtreten des geistigen Seins. Hätte Nikolaus in gleicher Weise das Werdenkönnen, d. h. den Untergrund der Materie, in Gott verlegt, so hätte er den geistigen Kern der Welt noch viel deutlicher hervortreten lassen, und hätte in Spinozistisch-Schel-

— 49 —

lingischer Weise zugleich die Materie zur Zufriedenheit erklärt, ohne zum Zufall oder zur Schöpfung aus nichts retirieren zu müssen.

Die Verlegung des Weltgrundes in das posse als absolute Möglichkeit alles Seins (= Gott selbst) scheint uns daher die richtige Korrektur und Fortbildung des possefieri in dem von uns geforderten Sinne zu sein; denn so wird der Sinn der explicatio überaus fruchtbar.

Wir sind am Ende. Das *Gesamtresultat* der Untersuchung lässt sich ungefähr dahin zusammenfassen: Der cusanische Explikationsbegriff tritt uns auf den 3 Hauptgebieten seiner Verwendung in zweifacher Gestalt entgegen: Er bedeutet teils eine Bewegung von oben nach unten, teils von unten nach oben. Die Fortbildung von jener zu dieser Denkrichtung ist zwar durch die chronolpgische Betrachtungsweise der Schriften des Nikolaus nachweisbar, aber hinsichtlich der einzelnen Entwicklungsphasen nicht näher kontrollierbar. Die Gründe hiefür liegen teils in der doppelten Wertschätzung des Wirklichen, teils in der einseitigen Hervorkehrung des Vorganges der Explikation. Das Verhältnis zum modernen Entwicklungsbegriff ist ein doppeltes: das der Anbahnung und Ergänzung. Von den auf die Neuzeit hinweisenden Zügen des Begriffes sind diese die wichtigsten: die Wertschätzung der Welt, des Individuums und der Geschichte. Selbst das ontologische Problem scheint durch den Explikationsbegriff in beiderlei Gestalt einer befriedigenden Lösung nahe gerückt. Eine Erweiterung des Gesichtskreises wird aber hauptsächlich durch die zweite Gestalt gewonnen: die starre Wirklichkeit wird mehr in Fluss gebracht als vorher.

Ob nun allerdings die Explikation durchweg in des Nikolaus Sinne, oder da und dort etwa zu modern angesehen worden sei, dies zu entscheiden bleibt dem verehrten Kritiker überlassen, um dessen gütige Rücksichtnahme dieser philosophische Erstlingsversuch bittet. Eine Grundüberzeugung wohnt ihm aber unumstösslich inne, nämlich die, dass in des Cusaners Person ein hervorragender Geist in seltenem Wahrheitsernste sich redlich abmüht und in gewaltigem Ringen versucht, das Rätsel des Daseins mittelst des freudig begrüssten Begriffes der explicatio irgendwie zur Zufriedenheit zu erklären. Dass es hierbei ohne tiefgreifende Widersprüche nicht abgeht, ist einerseits leicht erklärlich, andererseits

kein Hinderungsgrund zur Anerkennung wissenschaftlicher Grösse;
denn wer ein gewaltiges Problem aufwirft, mit Energie und
Zähigkeit allseitig durchdenkt und vorerst auf die Schwierigkeiten
seiner Lösung aufmerksam macht, der hat dadurch schon sehr
viel erreicht und verdient nicht, dass man ihm die gebührende
Würdigung versage.

Zum Schluss spricht Verfasser Herrn Geh. Hofrat Professor
Dr. Eucken für mehrfache freundliche Anregung während der Ent-
stehungszeit dieser Arbeit seinen wärmsten Dank aus.